广西农业科学院
科技扶贫典型案例汇编

广西壮族自治区农业科学院　编

中国农业出版社
北　京

编辑委员会

前　言 FOREWORD

习近平总书记在参加十二届全国人大三次会议广西代表团审议时，对脱贫攻坚工作作出重要指示，“决不让一个少数民族、一个地区掉队”。贯彻习近平总书记重要指示精神，广西农业科学院以习近平新时代中国特色社会主义思想为指导，在自治区党委、政府的坚强领导下，秉初心、担使命，主动扛起广西产业扶贫精准脱贫战场上的科技扶贫大旗，组织院属20个研究机构、28个基层党组织以及11个地市分院精锐出战，近2 000名农业科技党员干部全力以赴投身到全区106个有扶贫开发任务县（市、区）的第一线，与地方党委政府、与社会各方力量、与广大贫困群众携手合作、合力攻坚，在广西打赢打好精准脱贫攻坚战中发挥了科技主力军的作用。

自治区党委书记鹿心社莅临广西农业科学院视察指导时强调，“农科院要努力打造高水平农业科研平台，研发推广一批优质高效、市场竞争力强的农作物新品种及配套技术，更好地满足全区农业产业发展需求。”自治区党委在《中共广西壮族自治区委员会关于实施乡村振兴战略的决定》中提出，“把广西农科院打造成全国一流的省级农业科研院所”。遵循鹿心社书记的嘱托，贯彻自治区党委的要求，广西农业科学院党组举全院之力，凝成决战决胜的信心和合力，立足广西精准脱贫攻坚要求，面向现代特色农业发展需要，把科技助推全区现代特色农业产业特别是扶贫产业发展作为重要政治任务，精心谋划、精准实施了科技扶贫“三百行动”、科技精准扶贫“四个一”行动等科技扶贫专项行动，以科技扶贫的一流作为来抒写建设全国一流的省级农业科研院所的时代篇章。

2017年以来，广西农业科学院积极探索科技扶贫工作新方式、新方法和新模式，以专家团队科技服务为支撑，以科研项目落地实施为载体，以新品种新技术推广应用为切入点，以党支部联建和党员结对帮扶为带动，在全区开展扶贫攻坚。以贫困县、贫困村特色优势产业科技需求为出发点，选派了218名科技特派员到有扶贫开发任务的县开展科技帮扶工作，累计开展科技下乡11 835天次，实施了相关项目10 000多个，开展新品种新技术科技成果示范转化项目60 300多个，建立新品种新技术示范基地350多个，总面积27.28万公顷，与20多家扶贫龙头企业、16个贫困村开展了支部联建。农科院定点帮扶的兴业县卖酒村、旺龙村309户贫困户2018年全部如期脱贫摘帽，并获2016—2017年度全区脱贫攻坚先进集体。农科院蔬菜所黎炎、南亚所王文林和广西农业科学院分别获2019年度科技部通报表扬的科技特派员和组织实施单位，有效促进了各地贫困村贫困户依靠农业产业增收脱贫，积极助力全区贫困地区县级“5+2”、村级“3+1”特色产业培育发展。

为巩固提升科技扶贫成果，广西农业科学院全面总结了在科技扶贫中的做法，归纳形成“科技＋专家＋合作社”专家带动模式、“科技＋平台＋基地”平台带动模式、“科技＋企业＋农户”企业带动模式、“科技＋党支部＋农户”党建带动模式、“第一书记”带动模式等5种模式和60个具体案例，并将其汇编成册，旨在宣传广西深化产业扶贫精准脱贫成效，进一步推进脱贫攻坚与乡村振兴有效衔接，提供借鉴参考。

目　录 CONTENTS

一、“科技 + 专家 + 合作社”专家带动模式

以农业科技人员入乡为重点，以合作社为载体，通过将科技成果直供合作社，将科技项目直通合作社，把成果送到田间地头，把技术送到农户手中，实现新品种新技术在贫困地区落地生根。该模式主要做法包括：

一是直通合作社，辐射农户。科技专家在开展科技扶贫工作中，直接对接合作社，以合作社为技术输送的承载体、技术传送的连接体，将科技项目、科学技术、政策资金送进合作社，由合作社集聚农户、新型生产经营主体，参加点对点、一对多的成果展示、技术应用、科技培训。

二是人才组团，服务基层。农业科研机构聚焦科技下乡、脱贫攻坚工作，组织高层次人才、科技特派员和科技骨干下沉到合作社中化身为“田间专家”，扎根一线，“授人以渔”“传经送宝”。

三是品种推广，技术辅助。针对当前乡村产业发展存在的品种混乱、品种渠道来源不一，以及技术缺乏、技术老旧等问题，科技专家指导合作社在新品种、新技术推广、试验示范方面做文章，根据不同区域不同的土壤、气候等条件，指导农户使用正规品种、高质量品种，并配套推广相应的轻简化栽培管护技术，品种与技术相辅相成，帮助农民脱贫创收、增收，推动乡村产业高质量发展。

四是品牌构建，打造持久产业。科技专家与合作社联合开展实地调研，分析利弊因素，研究市场需求导向，集中成果，打包创建农产品主品牌、衍生品牌，以创品牌、推品牌的形式，为合作社，为乡村建成效益持久、动力持续的优势产业。

1. 广西来宾市武宣县桐岭镇和律村

指导单位：广西农业科学院蔬菜研究所

主导产业：哈密瓜

基本情况：来宾市武宣县桐岭镇和律村是“十三五”期间自治区级贫困村，全村总人口 6 250 人，耕地面积 4 070 亩[①]，其中水田 2 200 亩，旱地 1 870 亩，人均耕地面积仅为 0.65 亩。2016 年有建档立卡贫困户 309 户，贫困人口 1 137 人，贫困发生率 18.6%。传统上以种植水稻、甘蔗和木薯等作物自给自足为主，无其他产业，村民经济来源较少。

主要做法：

1. 专家牵头，科技支撑，党群参与。在和律村党总支部的带领下，于 2016 年 5 月由村党总支部入股牵头注册了武宣县桐岭镇兴农哈密瓜种植专业合作社，成立初期吸收股东 24 人，其中贫困户 16 人，种植面积 20 余亩。由于合作社在新品种引进、关键栽培技术、田间管理等方面不成熟，使得产量不高、品质不佳，导致经济效益低下，而且参与的贫困户不多，因此群众受益

① 亩为非法定计量单位，1 亩≈ 667 平方米，下同。

率较低。2017 年广西农业科学院蔬菜研究所派周建辉、万正林和周艳霞三名科技特派员到该村定点帮扶哈密瓜产业，专家们主要从基地规划与建设、种植技术指导与培训、品牌打造与营销等方面为该村提供服务。此外，贫困村还邀请了广西农科院蔬菜所所长陈振东研究员、支部书记唐胜、蔬菜产业扶贫团团长黎炎研究员、广西大宗蔬菜创新团队西甜瓜南宁试验站站长张曼研究员、广西特色水果创新团队西甜瓜植物病虫害岗位专家蔡健和研究员到合作社进行现场技术指导与培训，为贫困村哈密瓜产业健康发展提供了有力的科技支撑。为使武宣县哈密瓜产业做大做强，科技人员充分调研并整合资源，大力推动该合作社与和律村另外 3 家哈密瓜种植合作社联合打造武宣哈密瓜种植示范基地——武宣桐岭镇瓜果飘香示范园，该示范基地 2017 年成功获得了自治区第二批现代特色农业示范园称号。

2. 引进优良品种和先进种植技术，确保产品优质高产。科技人员结合当地气候和土壤条件，先后引进了北甜 1 号、桂蜜 12 号、桂蜜 13 号、北甜五号、好运 11 号等厚皮哈密瓜品种进行试种和试验示范。经过评比试验，最后选出产量、品质上乘的北甜 1 号和桂蜜 12 号作为主栽品种，其中桂蜜 12 号品质好，口感佳，田间收购价长期稳定在 5 元 / 斤[①] 以上，收益非常可观。科技人员还对合作社原有栽培技术进行改进和优化，示范和推广了哈密瓜穴盘育苗技术、基质栽培技术、膜下滴灌技术、水肥一体化技术、大棚蜜蜂授粉技术及病虫害防治技术等。

3. 极力打造武宣本土哈密瓜品牌。目前市场上哈密瓜品牌杂乱无章，为使哈密瓜产业提档升级，科技人员努力帮助该基地打造属于自己的哈密瓜品牌。目前，已成功注册有“桐岭金美人”和“武宣味”哈密瓜商标。由于该基地哈密瓜采取标准化种植模式，加上品质上乘，生产的哈密瓜在当地具有较大的品牌效益。

取得成效：

1. 贫困户“一人三收入”。贫困户通过把原来低产低效的土地流转给合作社集中种植哈密瓜，每年可获得保底 1 000 元 / 亩的土地租金，贫困户作为股东还参与年底分红，合作社在生产过程中优先聘请贫困户到合作

---

① 斤为非法定计量单位，1 斤 = 500 克，下同。

社务工，按 70 元 /（人 · 天）工资计，每人每月工资收入约 2 000 元。贫困户既是股东又参与务工，而且还有土地租金，实现了“一人三收入”的增收目标。

2. 2018 年和律村实现了全村脱贫的目标。由于群众看到哈密瓜产业效益显著，2017 年和律村扩大哈密瓜种植规模，将该村剩余的低产田流转 260 亩种植哈密瓜。累计吸收 50 户贫困户参与到哈密瓜产业扶贫，受益农户达 220 户，累计受益人口 890 人，实现年总产值 2 000 万元，入股的贫困户人均增收近万元。

3. 哈密瓜产业影响力扩大。2018 年上半年，在科技人员的指导下，和律村联合周边的“广西武宣宝龙水果种植农民专业合作社”“武宣县桐岭镇萱晨家庭农场”及“广西武宣嘉农果蔬农民专业合作社”，进一步扩大哈密瓜种植面积到 800 亩。和律村先后荣获“全国巾帼脱贫示范基地”“全国一村一品示范村”“广西农民专业合作社示范社”“广西巾帼脱贫示范基地”“来宾市精准扶贫示范基地”等荣誉称号。2019 年 4 月和 2018 年 9 月，自治区党委书记鹿心社和自治区主席陈武先后深入基地考察产业扶贫情况，对贫困村在科技人员帮扶下因地制宜、因势利导走出脱贫致富路子的做法给予肯定。三名科技人员的扶贫典型案例先后在共产党员网、广西卫视、广西日报、来宾市党员教育电视片优秀作品展等媒体播出，取得了较大社会反响。

2. 广西南宁市邕宁区新江镇新乐村

指导单位： 广西农业科学院微生物研究所（食用菌研究所）

主导产业： 吴茱萸、食用菌

基本情况： 新乐村位于广西南宁市邕宁区新江镇东南部，其中的那贡坡是大化县移民安置点。2015 年以前，新乐村是名副其实的贫困村，每家每户只有 20 多平方米的平房，且屋顶是破旧的石棉瓦。村里山多地少，以种植甘蔗和桉树为主，没有其他产业。自南宁市创丰吴茱萸合作社成立以来，以移民新村农民为主的社员发展到了 106 户，还辐射带动周边村屯 180 户农户参与种植，实现了当地建档立卡贫困户全覆盖，种植面积也从当初的 300 多亩发展到现在的 3 000 多亩。在吴茱萸产业基础上，该村还因地制宜发展食用菌产业，目前主要试种榆黄菇、秀珍菇、毛木耳等食用菌品种。正式投产后食用菌年产可达 40 万棒以上，产值在 200 万元以上。2017 年该村已整村脱贫。

主要做法：

1. 因地制宜，找准产业发展方向。 针对新乐村山多地少、青壮年外出务工多、留守妇女多的实际，科技人员经过调研论证选择成本投入低、人工耗费少、产值高、市场需求相对稳定的名贵药材——吴茱萸种植项目作为该村的主导产业。此外，为避免收入来源单一，针对新乐村距离南宁市仅有 1 小时车程、交通便利，且榆黄菇、秀珍菇等食用菌生长期可有效错开吴茱萸主要田间管理期（每年 3 月至 8 月）等优势，选定食用菌产业作为该村的第二主导产业。发展吴茱萸、食用菌产业，可实现 2 个农业产业有效

衔接，保障相关产业的可持续发展，最大限度增加农户尤其是贫困户的收入，有效巩固精准脱贫成果。

2. 重视培训，努力提高从业人员技能。一是组织村民到相关企业、示范基地参观、学习并参加各类会议，使其开阔眼界，了解大市场、大趋势，进一步增强发展相关产业的信心。二是注重培训，努力提高从业人员管理和种植水平。一方面，积极组织村民代表参加相关技术培训班，另一方面不定期组织有关专家到新乐村开展现场指导。2014 年以来，累计培训村民 900 多人次、发放资料 1 200 多份，有效促进相关产业的可持续发展。

3. 加强科研，积极探索产业循环发展模式。食用菌是农业生态循环发展的最佳链接点，可带动其他种植业发展。通过发挥邕宁区新江镇、那楼镇作为桑蚕、淮山种植主产区的优势，集成研究出“桑枝—食用菌—种桑—养蚕”“桑枝—食用菌—淮山”“桑枝—食用菌—果树、蔬菜”等循环生态农业模式；2019 年，又启动吴茱萸屑栽培毛木耳技术研究，以期延伸新乐村吴茱萸特色产业链，助推当地农业可持续发展和乡村振兴。

取得成效：

1. 特色产业扶贫带动作用显著。2016 年以来，以科技特派员黄卓忠副研究员为代表的广西农业科学院微生物研究所科技人员积极为新乐村解决吴茱萸种植相关问题，并积极推广凤梨套种模式，取得显著经济效益。2016 年，合作社 58 户吴茱萸种植户产业分红 10 万元，2017 年 60 户分红 83 万元，其中的 16 户贫困户彻底脱贫，2018 年 78 户分红近 170 万，2019 年 80 户分红达 190 万元，合作社村民（含曾经的贫困户 18 户）户均收入超过 2.3 万元。

2. 扶贫产业初具规模，帮扶模式受到各方关注。微生物所科技人员指导建设的邕宁区新江镇新乐村标准化食用菌基地已竣工投产，该基地建有标准化半自动化生产线 1 条，标准化温控车间 160 平方米，标准化自动恒温喷淋大棚 1 200 平方米，加工车间、产品储存库等 3 000 平方米。基地主要种植榆黄菇、秀珍菇、毛木耳等食用菌品种。2019 年 5 月，"广西农业科学院微生物研究所 / 广西农业科学院食用菌研究所科技扶贫基地"在邕宁区新江镇新乐村标准化食用菌基地正式挂牌。基地年产值 200 万元以上，利润 50 万～80 万元。长期工年增收 2 万元 / 人，临时工年增收 8 000 元 / 人，养菌农户年平均增收 8 000 元，村集体每年增加收入 4 万元左右。由于产业扶贫成效显著，仅 2019 年上半年，就先后有国家扶贫办、自治区、南宁市、邕宁区等各级领导莅临基地实地考察和指导工作。2019 年 5 月 30 日上午，来自越南、泰国等"一带一路"沿线东南亚国家执政党干部考察团一行 30 人到基地考察产业扶贫工作。区内外部分市、县有关部门也组织贫困村村民到基地参观学习。而新乐村致富带头人、基地负责人黄炳珠曾先后被评为南宁市"打好精准脱贫攻坚战先进个人"、邕宁区"农村青年创业致富能手"、"最美奋斗者"等荣誉称号，并作为自治区脱贫攻坚先进个人代表参加了全区"脱贫先锋面对面"主题宣讲活动，并在南宁市各县区宣传介绍成功经验。

3. 广西河池市天峨县六排镇令当村

指导单位：广西农业科学院重点实验室

主导产业：百香果

基本情况：天峨县六排镇令当村地处喀斯特高海拔山区，是天峨县深度贫困村。令当村海拔 900 米以上，年平均气温气温 20℃左右，高海拔山顶坡地昼夜温差大，春季多雨雾，为典型的高海拔山区气候。近年来，令当村先后尝试发展油茶、核桃、珍珠李等产业，但由于受高山气候影响，均未取得明显经济效益，导致群众发展产业积极性不高。自 2018 年广西农科院与天峨县政府签订结对帮扶协议以来，在广西农科院专家的调研指导下，当地调整思路，以村民合作社为建设主体，因地制宜多元化发展种植产业，提出建设“令当三弄”产业基地，即高山蔬菜、高山猕猴桃、高山百香果。其中百香果是近年来新兴的水果，市场前景好，投资见效快，非常适宜作为扶贫产业进行发展。令当村因此积极寻求广西农科院的技术指导，打造令当高山百香果特色产业。

主要做法：

1. 小心求证，大胆创新，科技引领。新区域发展新产业，没有现成经验可借鉴，必须从试验开始。2018 年 4 月，杨柳研究员牵头的百香果课题组受到天峨县的邀请为令当高山百香果基地建设提供技术指导，经充分研究论证制定了“先试种、后推广”的发展思路。2018 年，课题组在令当村 9 个试验点种植 25 亩百香果。经过一年的实践，令当百香果具有夏季坐果率高、外观鲜亮、香甜饱满等优点，同时也存在生育期较短、果树不能越冬等问题。为此，课题组针对性地提出“春植大苗，早种早收”“统一留花，集中收获”“套种大豆，生态防草”等适宜高山百香果种植的技术方案，在 2019 年进行示范种植 100 亩，并派遣科技人员实地提供全过程技术指导。经过精细管理，基地平均亩产百香果达到 3 000 斤以上，商品果率达到 90% 以上。

2. 培养骨干，村委参与，带动群众。种植类扶贫项目建设，必须发挥基层党组织的组织引导作用，由科技人员培养技术骨干，再由技术骨干带领群众开展栽培管理。2019 年，令当村建设百香果种植基地 100 亩，其中 35 亩核心区作为村集体经济发展项目，由合作社租用当地群众耕地进行建设，其余 65 亩辐射区为农户自发种植。整个百香基地共涉及农户 34 户，其中贫困户 11 户。百香果基地的栽培管理中合作社发挥了关键作用，村两委干部作为合作社骨干力量首先接受科技培训，由技术骨干组织种植户及贫困户实施基地日常栽培管理。通过“传、帮、带”方式，确保了科技人员制定的技术方案得到有效落实。

3. 争取项目，整合资源，做好示范。发展新产业，重在示范。2019 年，令当村发展高山百香果，遇到困难不少。村集体缺乏资金，种植基地条件差，群众消极观望。为解决上述难题，百香果课题组积极申报科研项目，最终整合了3个科研项目，为令当高山百香果基地建设提供了经费支持。课题组成员有3人受聘为自治区级贫困村科技特派员，将令当村列为主要服务的贫困村，全力为令当村高山百香果基地的发展提供技术支撑。在科技人员、村委干部及农户的通力合作下，2019年令当百香果基地百香果长势旺盛，坐果率高，品质上佳，亩产达到3 000斤但仍供不应求。示范基地建设初显成效，直接带动周边群众参与发展百香果产业。

取得成效：

1. 百香果产业扶贫效果凸显，贫困高海拔山区村民走出了增收致富的新路子。2019年，令当村高山百香果示范基地平均亩产3 000斤百香果，平均销售价3元/斤，每亩实现销售收入9 000元，显著超过当地种植其他作物的收益。

2. 群众发展特色产业信心倍增，种植百香果积极性高，全村整体脱贫在望。2020年，令当村群众在当地政府产业扶持带动下，自发扩种了百香果，全村种植面积达到242亩，涉及农户44户，其中贫困户22户种植135亩。令当高山百香果产业俨然成为高海拔山区科技扶贫的一个示范窗口，为天峨县发展高山百香果产业提供了直接有益的参考。

4. 广西百色市田东县祥周镇模范村

指导单位：广西农业科学院花卉研究所

主导产业：花卉旅游

基本情况：田东县祥周镇模范村自然景观优美，文化底蕴深厚，拥有龙潭灵湖、抗倭英雄瓦氏夫人墓、刺史佳城、观音洞、锯仙洞等风景人文景观。因该村因缺少致富产业，年轻人大多外出务工，留下很多空巢老人和留守儿童，曾是全县“十三五”53个贫困村之一。2017年该村依托村内自然人文资源，争取上级配套资金以村民入股的方式成立仙翔飞花旅游开发农民专业合作社，主要开发龙潭灵湖景区。该景区先后建设游泳池、儿童游乐场、停车场、厕所等基础设施，打造30亩花海景观。但是由于缺乏专业技术人员指导，导致部分季节花卉引种失败、造景效果较差、游客量不足，合作社与村民面临着资金亏损的局面，发展前景堪忧。

主要做法：

1. 坚持人才下沉、科技下乡，因地制宜开展科技帮扶。花卉所科技人员坚持服务“三农”的宗旨，以科技特派员为抓手，重点做好“三农”政策的宣传，传播农业科技和培育脱贫致富带头人。科技人员将最新的管理理念、最新的专业知识传授给村民，在大家的共同努力和社会各界的关心帮助下使该村走出经营困境，让村民钱袋子鼓了起来。

2. 以问题为导向，量身定做产业发展规划。由于模范村缺乏花卉栽培经验和技术，花卉所花卉园林景观设计与植物配置研究团队根据模范村自然环境和气候条件精心为合作社选择合适的花卉品种，培训农户配套的栽培技术，通过了“线上＋线下”等方式，制定适宜的花卉引种计划。选派一名党员作为科技特派员，每月定期到基地开展一对一现场栽培技术指

导；邀请土肥、植保等学科专家到现场开展调研，制定了投入成本更低、更符合实际情况的花卉栽培方案，力求打造观赏效果强、节庆有花可赏的花海景观。

取得成效：

1. 龙潭灵湖景区营业收入明显增加。经过花卉所科技人员近 2 年的悉心指导，景区在花卉选种、栽培技术培训、水肥管理和病虫害防治等方面有了长足进步，景区花海景观营造初见成效。景区盛花期吸引大量游客进入景区，单日最高接待游客量达 5 000 余人次，景区经营收入不断增长，农户户均增收 1 500 元以上。

2. 为农户提供更多就业岗位，青年务工者回流明显增加。自合作社成立后，带动入股农户 312 户 1 276 人以 247 万元资金入股，82 户以 42 亩土地入股，其中贫困户入股 35 户 121 人。创造了 3 000 余人次的务工机会，聘请贫困户到合作社工作，吸引大量青年务工者在家乡就业，缓解空巢老人和留守儿童等社会问题。

3. 巩固了美丽广西 · 乡村建设成效，走出了乡村振兴新路子。探索形成了以花卉旅游为主导的乡村休闲旅游产业发展模式，使农村的面貌美起来，农民钱袋子鼓起来，村民的精神面貌焕然一新，乡村建设成效不断巩固。景区营造姹紫嫣红的花海，不仅美化了景区与乡村环境，还美化了农民心灵。模范村已经成为田东县第一批脱贫摘帽的乡村，成为田东县乃至百色市、广西全区知名的美丽乡村。

5. 广西南宁市上林县

指导单位：广西农业科学院园艺研究所

主导产业：柑橘

基本情况：上林县是国家级贫困县，属于欠发达、后发展县份，以农业、旅游业为主。农业主要种植水稻、玉米、桑树、花生、蔬菜，部分农户养蚕、猪、鸡、鸭、鱼、牛、羊等，但基础薄弱且不成规模，群众生产观念落后，技术较为传统，尚未形成覆盖多数农民、收入稳定的主导产业，村民经济收入主要靠零散种养和外出务工，贫困户年人均收入不足 2 800 元。针对上林县农业产业发展现状，广西科技厅和广西农业科学院园艺研究所相继选派 7 名科技特派员对上林县柑橘产业转型升级进行指导和服务。

主要做法：

1. 引进优新品种，调整产业结构。通过多次实地走访调研贫困村产业现状，给农户和进驻企业出谋划策，进行产业转型升级，引进种植经济效益高的晚熟柑橘如沃柑、091 无核沃柑、茂谷柑等，并给予技术扶持，指导农户和企业开展基地建设和示范，引导村民规模化发展柑橘产业，并进行技术跟踪服务，使贫困户依靠柑橘产业获得可观的经济效益，让柑橘成为助力贫困村脱贫的致富果。

2. 建立科技示范基地，辐射带动贫困村产业发展。借助企业的土地及资金优势，结合园艺所柑橘栽培技术支持，以及驻村第一书记为后盾力量，建立“科技特派员团队＋第一书记＋企业＋基地＋贫困户”的新型经营模式，建立起以园艺所长期指导的广西联翔农业投资有限公司上林基地为核心示范区，并联合“上林县菁萃农业开发有限公司—上林县云城村特色产业扶贫示范园”“广西霞客旅游投资有限公司—上林县大丰镇皇主水果产业示范园”等数十家基地开展柑橘产业科技扶贫工作，以巷贤、明亮、西燕、白圩、大丰等主要贫困乡镇为辐射区，建立科技扶贫示范区，辐射带动贫困村柑橘产业发展，实现精准扶贫、精准脱贫目标。

3. 构建扶贫项目，争取多方支持。园艺所特派员服务上林期间，协助联系对接服务对象，积极构建和申报自治区、南宁市两级相关科研项目。通过建立项目基地，开展技术示范和推广，以项目带动产业发展。

4. 组建服务团队，加大技术培训力度。随着柑橘新品种的推广种植、产业规模的不断扩大，老百姓最急需的是柑橘高产优质栽培技术。园艺所派出赵洪涛、阮经宙、李果果、刘福平、张兰、黄宏明、唐文忠等7位科技特派员，同时联合广西林业科学院、广西亚热带作物研究所、上林县农业技术推广站和各乡镇农林水利综合服务中心等15位服务上林县柑橘产业的科技特派员组成服务团队，围绕上林县柑橘产业，采取组团服务、点对点、定时和不同时服务结合的多种服务方式，每年举办多场大型培训会，采取室内室外授课的方式让老百姓及时简单明了地掌握相关技术。

取得成效：

1. 引进的品种产量高效益好，农民种植积极性高，当地柑橘产业初具规模。2017年1月，南宁市科技局组织专家对引进种植的沃柑进行测产，亩产4 675千克，亩产值达3万元，效益十分可观。目前上林县柑橘种植面积近10万亩，主要有沃柑、091无核沃柑、砂糖橘、三红蜜柚、茂谷柑等优良新品种，成为广西柑橘产业发展的新区。

2. 示范基地辐射带动性强，促农增收效果显著。科技特派员服务贫困村涉及大丰镇、明亮镇、西燕镇、白圩镇、巷贤镇、镇圩乡等主要的贫困乡镇开展工作，以核心示范区广西联翔农业投资责任有限公司为例，在上林县巷贤镇柑橘产业示范园区流转500亩土地，通过土地流转、技术培训、金融扶贫、安排贫困户到示范区和辐射区果园劳动等方式，核心示范区2018—2019年带动80户贫困户增收373 270元，户均增收4 665元，六联村集体经济增收17.5万元。

3. 以项目合作为纽带，开展联合攻关，促进科技成果转化。目前在上林县已经实施广西科技厅重点研发项目“上林县贫困地区晚熟柑橘品种引进及标准化生产关键技术集成示范”项目1项、南宁市“上林县柑橘产业科技扶贫示范与推广”“退桉还果晚熟优质柑橘种植示范”“上林县贫困村特色果蔬新品种引进及标准化生产示范”“上林县贫困地区晚熟柑橘生产关键技术集成与应用示范”等5项，总经费超百万元，园艺所还联合华中农业大学、中国柑橘研究所、广西特色作物研究院等单位共同为贫困村提供技术支持。以科技项目为纽带，增强了科企（村）合作，集聚多方力量开展研究，有效解决生产中存在的问题，改善了贫困村柑橘产业基础设施建设及生产条件。

4. 狠抓科技培训，技术服务显成效。科技特派员长期扎根基层，积极开展科技培训和实地指导，全面提高了企业、合作社、农户柑橘修剪、保花保果、肥水管控、病虫害防控、采后处理等关键环节的技术水平，其中园艺所特派员、柑橘产业服务团副团长赵洪涛多次获得优秀科技特派员称号。截至目前，服务团队在全县不同乡镇累计开展不同形式的科技服务490多场次，培训8 000余人次，发放相关资料10 000多份。

6. 广西柳州市融水苗族自治县三防镇本洞村

指导单位：广西农业科学院水稻研究所

主导产业：特色香粳糯

基本情况：融水苗族自治县是广西“十三五”脱贫攻关县，隶属于广西壮族自治区柳州市。该县阳光充足、雨量充沛，水资源极其丰富，最高海拔高度2 086米，最低海拔高度86.5米，极端最高气温36.9℃，极端最低气温 −4.12℃。全年种植水稻面积20多万亩，其中山区种植面积占60%。香粳糯便是其中的一块瑰宝，有着“一家蒸煮万家飘香”的美誉，与普通水稻相比，香粳糯对环境与栽培条件要求更高。山区农民苦于没有创新的科技支撑，种植香粳糯产量偏低且不稳定，市场售价虽然高达30元/千克，还常常出现“有价无米”的尴尬局面，这也恰恰说明发展香粳糯产业有着巨大的市场开发潜力。所以，创新香粳糯栽培技术，提高产业扶贫成效，对促进地方特色水稻产业发展有着重要指导意义。

主要做法：

1. 因地制宜，建立标准化良种繁育基地。充分利用山区良好的稻作生态环境，建立融水香粳糯标准化良种繁育基地，规范良种生产技术。通过对当地品种采用优选大穗等提纯复壮技术，提高品种丰产性、稳产性、适应性、抗逆性及米质，解决品种退化及推广问题。

2. 精准规划种植区域，建立融水香粳糯生态种养产业示范推广基地。

科技人员通过研究不同生态区域种植表现差异及栽培技术，集成创新融水香粳糯高产栽培技术，解决了良种良法相配套的种植问题。以有机肥或农家肥为主要肥料，强化推广“融水香粳糯＋太阳能杀虫灯＋禾花鲤”生态种养模式，实现控病虫害、节能、降残留、提质增效的目的。

3. 以科技为支撑，企业为主体，基地和农户为核心，形成“产学研”有机结合。培训、培养农业推广技术骨干和种植农户，提高农户生产技能和文化素质。

4. 推广成功典型经验，大力宣传先进个人和企业经营成效。通过试验示范辐射扩大种植面积，形成“育繁推、产供销”一体化的示范推广和技术服务体系，推动融水香粳糯集约化、规模化、专业化生产，实现农民增收、企业增效，有效地助力产业扶贫脱贫。

取得成效：

1. 建立了标准化良种繁育基地，示范面积 21.2 亩，平均亩产为 245.6 千克，实现全县融水香粳糯产业良种供给。在贫困村建立标准化生态稻示范基地 3 个。采取“稻＋灯＋鱼”生产模式，示范面积 80.8 亩，平均亩产 372.6 千克，禾花鱼平均亩产为 23.7 千克。构建了融水特色香粳糯标准化良种繁育基地及其生态稻产业化示范推广技术体系 1 个。

2. 取得了良好的经济效益。2016—2019 年累计示范推广面积 1 900 多亩，农户获得经济效益 888.06 万元，新增产值 299.06 万元。

3. 培养了一批乡土人才，推动了基层农业科技进步。2017—2019 年累计培养技术推广人员 10 人，举办技术培训班 12 期，培训农户 594 人次，带动贫困户 343 户，累计带动 60 户贫困户脱贫摘帽。扶持农业专业合作社 1 个，引进开发山区特色糯稻企业 1 个。

7. 广西河池市罗城县四把镇里乐村

指导单位：广西农业科学院葡萄与葡萄酒研究所

主导产业：野生山葡萄

基本情况：罗城仫佬族自治县位于广西西北部，河池市东部，地处云贵高原苗岭山脉九万大山南麓，全县总面积 2 651 平方千米，总人口 38 万人，居住着仫佬、壮、汉等 12 个民族，其中仫佬族人口 12.55 万人，占全国仫佬族人口的 80% 以上，是全国唯一的仫佬族自治县，是国家级贫困县，岩溶面积 1 411.78 平方千米，占全县土地总面积的 53.11%，其中石漠化面积 637.40 平方千米，潜在石漠化土地 608.07 平方千米。罗城县是野生毛葡萄的起源中心之一，当地的土壤、光照、降雨等自然条件都非常适合野生毛葡萄的生长，素有“中国野生毛葡萄之乡”之称。罗城县里乐村是典型的喀斯特石漠化山区，人口总数 2 436 人，总耕地面积 2 629.2 亩，人均耕地面积 1.1 亩，2013 年以前人均年收入 4 200 元。

主要做法：

1. 瞄准问题，精准施策，解决当地产业发展难题。广西农科院自 20 世纪 90 年代便派出科技人员到罗城县挂职，针对当地的卡斯特地貌及气候条件，选择毛葡萄作为当地主导产业，针对野生毛葡萄人工栽培加工产业存在品种混杂，品质不稳定，病虫害严重等情况，依托国家科技富民强县项目、滇桂黔石漠化地区特色作物产业发展关键技术集成示范项目、广西罗城毛葡萄试验站、广西特色水果创新团队和自治区有关毛葡萄科研项目，围绕制约产业发展因素，主要开展以科技支持产业扶贫示范村建设服务工作。在罗城县四把镇里乐村建立两性花毛葡萄高效生产技术集成核心示范基地 126 亩。

2. 科技支撑、企业带动，努力提高种植户管理水平。结合科研项目工作开展技术培训，使农民、企业、协会、合作社等掌握先进适用的毛葡萄生产管理技术。指导 43 户农户（其中建档贫困户 17 户）2 477 亩的毛葡萄生产，辐射指导全镇近 2.5 万亩的毛葡萄生产。通过举办生产技术培训，现场操作培训等形式，使广大的贫困农户掌握了葡萄修剪，水肥管理、病虫防控、提质增效等各个环节的技术管理要点。工作的开展过程中，罗城县水果局、里乐村委会、广西中天领御酒业有限公司等也给予产业扶贫示范区大力支持。

取得成效：

1. 破解毛葡萄产业发展瓶颈问题。传统种植的野生毛葡萄为单性花，需配以雄株才能结实，常常因为花期不遇或者阴雨天等因素导致产量低且不稳定。广西农科院科研团队经过多年研究，成功选育出并推广了野酿 2

号两性花毛葡萄品种，高产示范区亩产量超过 1 000 千克，实现了毛葡萄高产稳产高效，有效解决了当地毛葡萄授粉难、产量低的问题。罗城毛葡萄获得农业部地理标志产品认证，罗城县成为“全国野生毛葡萄产业第一县”。

2. 特色产业扶贫带动作用显著。2012 年以来四把镇里乐村发展了 2 477 亩的毛葡萄，涉及 43 户农户（其中建档贫困户 17 户），据初步统计 17 户贫困户已经通过种植毛葡萄实现了脱贫目标，毛葡萄种植农户人均年增收 6 800 元。目前，罗城县种植毛葡萄总面积达 8 万亩，带动 10 个乡镇 50 多个自然村 3 800 多户贫困户参与毛葡萄种植，已有 1 100 多户贫困户依靠种植毛葡萄实现脱贫。同时，当地生态环境也得到了极大的改善，走出了喀斯特石漠化山区水土保持与农民增收致富的新路子。

8. 广西柳州市融水县

指导单位：广西亚热带作物研究所

主导产业：黑木耳

基本情况：融水县是广西 49 个贫困县之一，全县 20 个乡（镇）206

个村有超过一半是贫困村，是柳州市脱贫攻坚主战场和广西“十三五”扶贫重点县。融水县 85.48% 的土地为山地，多数乡、镇、村距离县城超过 100 千米，山高路远，交通十分不便，群众以外出务工为主，留在村里的群众文化程度低、接触外界少，创收能力弱。融水县海拔高低错落，森林植被繁茂、洁净水资源丰富，适合发展木耳、灵芝等食药用菌、蔬菜、茶叶等产业。

主要做法：

1. 通过科技特派员的下乡服务找准产业，引导产业向贫困村倾斜。 2016 年以来广西壮族自治区亚热带作物研究所叶雪英、谢朝敏被选聘为“十三五”广西贫困村科技特派员，派驻到广西禾美生态农业股份有限公司、融水县汪洞乡新合村、三防镇本洞村、白云乡白照村等贫困村进行科技服务。经过认真调研，决定依托广西禾美生态农业股份有限公司，将黑木耳种植业从企业的基地引向融水县的贫困村发展。2017 年，在融水县汪洞乡腾和村等地推广黑木耳仿野生栽培获得成功。9 月中下旬菌棒下田，第二年 4 月采收结束，利用收割完水稻的冬闲田种植黑木耳，可提高稻田的利用率和产出率；黑木耳易晒干贮藏，交通不便对产品的销售影响不大；采用“公司 + 合作社 + 基地 + 农户（贫困户）”的模式发展，菌棒由企业生产，下田、出耳管理和采收由农户完成，农户通过流转土地参与种植，公司提供技术，保价回收产品销售，形成完整产业链；黑木耳当年种当年收，是一种短、平、快的农业项目，作为扶贫产业能加快农户脱贫步伐。

2. 积极申报科技项目，支持贫困村打造黑木耳扶贫产业。 黑木耳种植技术要求较高，为促进技术力量下沉到贫困村，示范带动农户学习技术。2017 年 3 月，叶雪英、谢朝敏特派员联合融水苗族自治区科学技术情报研究所申请了 2017 年度广西科技计划“融水县贫困村科技特派员服务创业基地及科技能力建设示范”项目，获得广西科技厅 265 万元的资金，在融水县 20 个贫困村建设特色香糯、黑木耳、茶叶、香猪、田螺及“特色产业 + 电商”等基地 20 个，其中 5 个是黑木耳仿野生栽培基地。针对在融水县大面积推广黑木耳遇到的难题，又联合广西禾美生态农业股份有限公司申报了 2018 年度广西重点研发项目——“融水黑木耳产业提质增效技术集成与应用”项目，获得广西科技厅 100 万元的资金支持。

取得成效：

1. 探索出"项目＋科技特派员＋公司＋合作社＋基地＋贫困户"模式，解决种植技术难题，培养种植能手和技术人才，带动黑木耳产业发展壮大。至2019年12月，通过"融水县贫困村科技特派员服务创业基地及科技能力建设示范"和"融水黑木耳产业提质增效技术集成与应用"项目的实施，在汪洞乡新合村、结合村、白云乡白照村、大浪镇上里村、三防镇本洞村示范种植黑木耳36万棒，辐射带动汪洞乡平时村和池洞村、安太乡林洞村、江竹村、求修村、尧良村等村和融安、三江、罗城等县种植100多万棒，实现产值800多万元，受益贫困人口超过150人，带动54户以上贫困户脱贫摘帽。指导解决黑木耳袋料仿野生栽培菌棒接种、大棚养菌、菌棒打孔下田、雾喷、黑木耳采收及干制整形等7项农户遇到的种植和采后加工关键技术问题。推广了2个适合南方种植的优良品种916黑木耳和黑山黑木耳，示范和创新了黑木耳代料仿野生栽培技术、日晒整形技术、无动力山泉水雾喷、养菌棚轻简化降温技术。带动自治区、柳州市和融水县科技特派员联合开展实地服务和科技培训，带动贫困村成立种植专业合作社5家，培养农村致富带头人和种植能手10人以上；总结出一套适合融水黑木耳产地生产技术规程，解决不同海拔排扬时间确定难题，提高了融水黑木耳的产量和质量，创出融水泉水黑木耳品牌，项目示范效果和带动效应受到测产专家的好评，也得到当地政府的认可和大力支持，黑木耳种植业已成为大苗山扶贫好产业。

2. 特派员对农户进行分类指导，提供不同帮扶方案，提高贫困村自主发

展产业的能力。在融水县发展黑木耳种植有两种模式：第一种是由企业供应菌棒，农户种植，公司回收产品进行销售；第二种是农户生产菌棒，自己种植和销售产品。第一种方式由企业掌控关键技术、菌棒质量、下田时间和销售价格，农户自主发展受制，好处是农户不用为销售发愁。服务此类农户，主要采用与供棒企业建立种植户微信群，实地或通过微信对种植各环节进行技术指导。对有销售渠道的农户、合作社或贫困村，则引导采用第二种模式，合理利用当地资源自建菌棒厂，减少菌棒生产成本，降低菌棒长途运输产生热量烧坏菌丝的风险，提高经济效益，让农户真正掌握技术，提高自主发展产业的能力，辐射带动周边群众共同发展。如白云乡白照村基地2018年采用自建菌棒厂发展黑木耳种植，为使群众尽快学到技术，特派员带领农户到河池市南丹县清溪园食用菌培植专业合作社菌棒厂和种植基地考察，联合广西资深黑木耳种植师傅黄宝强社长进行传、帮、带，实现白照村农户掌握黑木耳、香菇菌棒生产技术，带动周边乡镇农户种植的目标。

3. 组建创业服务团队，协助企业创建融水县食药用菌产业星创天地，为黑木耳产业打造创业和人才培养平台。2018年，借助项目实施，广西壮族自治区亚热带作物研究所与广西禾美生态农业股份有限公司开展科技合作共建，组建创业服务团队，协助企业创建融水县食药用菌产业星创天地，先后获批自治区和国家级星创天地，为回乡大学生、农民、科技特派员等创业者提供一个创业创新、人才培养、产品销售和融资等平台，助力融水黑木耳等食用菌产业的发展壮大。

9. 广西百色市隆林各族自治县平班镇

指导单位：广西农业科学院生物技术研究所

主导产业：香蕉、粉蕉

基本情况：隆林县平班镇属少数民族乡镇，沿河一带山地均有种植西贡蕉的传统，但由于农民文化素质低、科学意识差、种植技术落后，导致西贡蕉的产量低、品质差，且近年来香蕉枯萎病发展蔓延迅速，当地西贡蕉产业的发展急需科技力量的支持。

主要做法：

1. 产业调研，助力产业发展规划。良种快繁及栽培研究室主任牟海飞研究员被选派到平班镇担任科技特派员后，即刻深入实地调研，结合当地实际情况，按照科技特派员的工作方案和具体任务安排，积极实施科技扶贫项目。

2. 技术培训，创新科技服务模式。创新采用"科技特派员 + 香蕉产业科技服务团 + 广西香蕉创新团队 + 县科技特派员 + 县科技局 + 县农业局 + 示范基地 + 农户"的扶贫工作模式，提高扶贫力度和扶贫效率。深入基层结合各项产业，采取各种形式进行科普宣传和技术培训，两年多来共举办各项室内理论培训班 2 期，受训人数 146 人次，培训对象有贫困户、种植专业户及各乡镇基层技术员和乡村干部。举办现场培训和实地指导共 48 次，受训人数达 260 余人次，培训对象主要是基层科技人员、种植户、贫困户，发放《山地粉蕉栽培技术要点》等技术资料 200 余份。

3. 以点带面，推动香蕉产业发展。牟海飞作为广西香蕉科技服务团团长，除了组织本研究团队深入隆林县开展科技扶贫外，还积极组织、联系广西香蕉创新团队、百色市农科所、广西大学、广西农科院园艺所等单位的专家共同参与科技扶贫，建立粉蕉科技扶贫示范点，引进适合当地的新技术、新品种，建立示范样板，通过示范样板的建设，解决农民学科技难的问题，带动农民群众利用科学技术提高产量和品质，促进农民增收。

取得成效：

1. 发展特色产业，带动百姓脱贫。通过科技示范基地展示和扶贫服务小组的定点帮扶，极大地调动贫困户的种植热情和脱贫信心，使香蕉产业成为当地贫困户"短平快"的致富产业，成为贫困户家庭收入的稳定来源。

2. 推广高新技术，助力脱贫攻坚。在平班镇管肖村的示范点持续开展的无人机防治叶跳甲、弄蝶、叶斑病等病虫害的示范防治成效显著，为山地大面积粉蕉轻简化栽培提供了样板。团队结合香蕉产业科技服务团队建设与服务示范项目的实施，将隆林县列为项目重点实施地区，联合全区各地香蕉产业科技特派员共同开展科技扶贫，加大宣传隆林县西贡蕉特色产业，为隆林县科技助力脱贫攻坚工作做出了应有的贡献。

10. 广西百色市平果市旧城镇康马村

指导单位：广西农业科学院亚热带作物研究所

主导产业：剑麻

基本情况：康马村地处大石山区，由于缺少平原土地，且山地石漠化严重，导致当地可利用土地较少，限制当地经济发展，属于贫困的地区。

主要做法：

1. 继续推广传统优势剑麻产业。考虑到康马村石漠化区域无法种植粮食或其他经济作物的现状，继续向当地农户推广剑麻种植，实现提高土地利用率和增加农户收入的目的。

2. 强化技术服务，促进产业升级。当地虽然种植剑麻多年，但受土地条件及种植水平限制，剑麻纤维产量及质量都达不到市场要求。为此，南宁剑麻试验站联合国家麻类产业体系剑麻产业相关专家，开展有针对性的技术服务。一是从 2019 年开始选派技术经验丰富的科技人员作为特派员，定期到基地开展一对一帮扶技术指导。二是成立石漠化地区剑麻种植技术研讨专家小组并不定期开展在线咨询及实地培训，汇总剑麻生产管理过程中出现的难点问题，及时提出处理方案。三是研发先进栽培技术，力求总结出一套适合于石漠化地区剑麻高效栽培模式，提高当地剑麻种植水平。四是积极协助村委引进半自动刮麻机，助力提高剑麻纤维加工效率及质量。

取得成效：

1. 建立高标准示范基地，带动产业高质量发展。在康马村建设石漠化区剑麻高效栽培种植模式示范地 5 亩，目前处于规划阶段。

2. 引进新技术新设备，提高生产效率，剑麻产业重新焕发生机。2019 年针对栽培技术开展专题培训 2 期，就剑麻植株种植过密、通风效果差及对剑麻叶片进行营养诊断结果，提出隔行轮割及追肥策略；引进半自动化刮麻机一台，目前已经进入试运行阶段，正式投产后，预计加工效率可以翻倍。

11. 广西崇左市龙州县八角乡龙边村

指导单位：广西农业科学院南亚热带农业科学研究所

主导产业：坚果、凤梨、桑蚕

基本情况：龙边村位于八角乡东北面，距离乡政府所在地 2 千米。全村共有 8 个自然屯，371 户共 1 493 人，其中建档立卡贫困户 108 户共 402 人，贫困发生率为 26.92%，是“十三五”贫困村之一。全村林地面积 3 500 亩，耕地面积为 1 295 亩，其中水田 684 亩，旱地 611 亩，人均耕地面积 0.89 亩，主要经济作物为八角、玉桂、坚果。

主要做法：

1. 立足传统支柱产业，发展特色种植业。龙边村土地大部分是丘陵，水源也较为充足，可开发潜力大。全村共有3 500亩八角、玉桂产业促扶贫发展，户均种植5亩以上，覆盖全村108户贫困户，南亚所派出的第一书记、科技特派员根据当地传统产业特点，要求坚持香料主导产业不动摇，通过科技特派员实地服务，充分开展科技培训，巩固传统产业发展。同时立足当地气候优势，发展特色种植业，相继引进推广了澳洲坚果种植、凤梨种植，试验示范，就近实地观摩，立竿见影，以示范点带动农户种植。已累计种植澳洲坚果400亩，凤梨40亩，涉及79户贫困户。通过科技特派员普及澳洲坚果种植培训新技术、新信息，对贫困户脱贫摘帽产生了实质性的推动作用。

2. 成立村级合作社，发展种桑养蚕特色产业。2017年，龙边村成立金芳种养专业合作社，利用第一书记后盾单位南亚所及社会资源支持，确立发展种桑养蚕特色产业，采用“公司＋合作社＋贫困户”经营模式，把市场前移到村内，将农产品销售风险、运输风险降到最低。同时合作社使用扶贫资金专项经费和科技特派员项目经费，建成占地2 000平方米的合作社桑蚕养殖基地。

3. 强化科技支撑，政产学研共融共建。龙边村之前对养殖桑蚕尚不熟悉，而规模化养殖对技术要求很高。首先通过公司引进桑蚕大棚养殖技术，发展壮大桑蚕产业。其次，依托科技特派员项目研究和建设优势，为该村送去电脑、打印机、投影仪等办公设备，澳洲坚果、凤梨新品种，肥料及技术，进一步完善龙边村科技服务平台硬件条件，提升扶贫产业科技发展水平，促进村民与科技特派员、镇、县的项目建设和产业信息对接，有效推动澳洲坚果种植、凤梨种植、桑蚕养殖扶贫产业的发展。再次，开展产学研实践活动，试点澳洲坚果套种凤梨模式，开展前期基础研究，就澳洲坚果间、套、养方面开展产学研合作，对相关技术难点进行科技攻关。

取得成效：

1. 澳洲坚果基地建设经济、社会效益显著。经过多级联建，龙边村贫困村科技特派员科技服务产业示范基地初见成效。2019 年，基地发展到 400 亩，套种凤梨 40 亩，年产值可达 30 万元。

2. 就近务工机会增加，贫困发生率降低，群众满意度提高。一是积极整合土地资源，将村里闲置的土地充分利用起来，租赁给合作社进行桑叶种植，每年可获得土地租金 5 万元，并形成桑蚕养殖特色产业。二是凤梨种植、桑蚕养殖特色产业带动就近务工。桑蚕养殖可提供 20 个工作岗位，凤梨种植可提供 10 个工作岗位，优先录用贫困户务工。目前有 12 户 18 人通过家门口就业，实现增收脱贫。金芳合作社吸纳收入不达标 2 户贫困户入社务工，增加收入，2019 年合作社带动 4 名贫困户脱贫，发放务工工资 0.8 万元。

3. 金芳合作社采用贫困户土地入股模式，将本村生活最困难的贫困户纳入村民合作社，按股分红。2019 年，共吸纳 30 户贫困户入社，股份分红 1.2 万元。龙边村贫困率从 26.92% 降为零。

12. 广西百色市那坡县

指导单位：广西农业科学院生物技术研究所

主导产业：红顶蕉

基本情况：那坡县位于广西西南部，地处云贵高原余脉六韶山南麓，境内北部石山重峦叠嶂，中部、南部土山连绵起伏，为典型的“八山一水一分田”，属于国家级贫困县。那坡县属于亚热带季风气候，年平均气温 17 ～ 20℃，春、夏季平均 80 ～ 95 天，秋长、冬短，尤其适宜红顶蕉生长种植，易产出高品质红顶蕉。其下辖的百合乡、百南乡、德隆乡、平孟镇、百省乡等为红顶蕉（俗称“西贡蕉”、“粉蕉”）主要种植区，但由于土地资源的限制，这些乡镇的红顶蕉大部分种植于山坡、河谷及公路两边沟坡种植，农户管理粗放，种植技术落后，市场销售困难，价格低，枯萎病发生严重、产量低、品质不高，限制了该县发展“原生态、无公害红顶蕉”的产业优势，严重影响了红顶蕉产业的健康可持续发展。

主要做法：

1. 前期充分调研，研究解决产业发展难题。应百色市政府邀请，广西香蕉创新团队首席专家团队到那坡县百合乡、百南乡、德隆乡、平孟镇等 4 个乡（镇）进行红顶蕉产业调研，查找红顶蕉产销环节存在的问题，并

提出“因地制宜，进一步提高种植管理水平；加强对枯萎病的防控；突出原生态特色、打造自主品牌”等建议。

2. 以“科技特派员 + 团队指导”为主要方式开展红顶蕉产业扶贫。 2017—2018 年，在红顶蕉产业扶贫工作中，首席专家团队采用“科技特派员 + 香蕉创新团队 + 县科技特派员 + 县农业局 + 县科技局 + 示范基地 + 农户”“田间指导 + 座谈会 + 观摩学习 + 课堂培训 + 网络指导 + 电话指导”及团队专人负责的扶贫工作模式，动员多方力量，以多途径、多方面指导蕉农。首席专家团队有 3 名成员选聘为那坡县 3 个贫困村的科技特派员，从引进红顶蕉新品种、新技术、新成果及种苗繁育、栽培管理、发展规划等方面对那坡县红顶蕉发展进行指导。通过引导建立农业合作社，开展产业发展座谈会、课堂培训、田间技术指导与实地观摩等，加大红顶蕉种植技术的指导、培训力度，提高县级科技特派员的学习机会和指导水平。通过指导建立那坡县产业扶贫育苗基地和红顶蕉无公害高产高效生产示范基地，培训二级种苗生产技术和高效种植管理技术，实行一条龙服务，为打造那坡县红顶蕉品牌奠定良好基础。

3. 举办“粉蕉生产技术和科技服务经验交流活动暨自治区农业产业香蕉产业科技。 扶贫那坡县现场会，不仅邀请了广西香蕉创新团队各岗站专家参加，还邀请广西主要香蕉销售电商、广西粉蕉种植龙头企业、贫困村蕉农参加，为当地粉蕉发展共同把脉、出谋划策、贡献良策，拓展那坡粉蕉销售渠道，培养了蕉农对高产栽培无公害粉蕉的观念意识，取得了良好效果。

取得成效：

1. 创新帮扶模式，助力香蕉产业健康发展。 2017—2018 年，香蕉首席团队以“种植原生态、无公害红顶蕉”为理念，以高效栽培技术为支撑，从产业规划到品牌培育对那坡县红顶蕉产业发展全程实施指导，形成“产业规划—成果引进—技术支撑—品牌培育”四位一体的科技扶贫新模式，精心打造那坡县“红顶蕉原生态品牌”，全程科技支撑保障产量、效益双丰收。

2. 建立香蕉健康种苗繁育基地，从源头上保障产业健康发展。香蕉首席团队指导建设那坡县产业扶贫育苗基地1个，其中西贡蕉育苗大棚5个，红顶蕉无公害高产栽培示范园基地90亩。通过引进西贡蕉优良品种金粉1号健康组培苗每批次15万苗，培育的二级种苗每批次可种植1 200多亩，从而为蕉农提供了稳定的健康种苗来源，极大地减少农户购买带病种苗导致枯萎病蔓延的风险，为促进红顶蕉的健康发展奠定了良好基础。

3. 培养本地种植能手，带动一方百姓增收致富。3位科技特派员在红坭村、者欣村、那布村等3个帮扶贫困村累计建立红顶蕉示种植范基地100多亩，服务或创办农村合作社4个，引进新品种1个、栽培技术10项，开展各类技术培训10人次（指导400多人次），培育科技示范户（致富带头人）15户，帮扶建档立卡贫困户282户，脱贫贫苦户37户；免费赠送有机肥30吨，辐射带动种植红顶蕉3 000多亩，涉及3 000多人；通过集中培训、示范观摩、赠送书籍《广西农家百事通》《香蕉枯萎病防治技术》等资料，提高蕉农种植管理水平、枯萎病防病水平，降低了枯萎病的发病率，红顶蕉产量增产10%以上，经济效益提高10%以上。

13. 广西百色市西林县

指导单位：广西农业科学院生物技术研究所

主导产业：中药材

基本情况：西林县位于广西的最西端，地处桂滇黔三省（区）结合部，素有“广西西大门”之称，是广西西进和云贵东出的主要门户之一，属天生桥一级水电站重点淹没库区。总面积3 020平方千米，辖4镇4乡94

个村民委3个社区，有壮、汉、苗、瑶 、彝、仡佬6个世居民族，总人口16万余人，其中库区移民1.36万人，是一个集"老、少、边、山、穷、库"于一身的山区农业县。1963年经国务院批准设立西林县，1992年经自治区人民政府批准享受民族自治县待遇。主导产业为砂糖橘、白毫茶、生姜、麻鸭等农产品。全县98%的面积为土山，林地面积27.29万公顷，森林覆盖率达76.62%，林下经济发展具有得天独厚的条件。但因缺少科技力量帮扶，群众缺乏资金和对市场有所顾虑，西林县林下中药材种植发展缓慢。

主要做法：

1. 发挥科技特派员作用，找出适合当地发展的优势产业。以自治区科技特派员为切入点，对该地方的地理气候情况进行详细的调研。利用自身专业知识，对驻村地进行走访、摸排以往发展过程和正在发展的林下中药材种植情况。筛选群众基础好，认识度高，经济效益好的林下中药材品种。筛选出七叶一枝花、铁皮石斛、天门冬特色中药材作为林下种植的主打品种。

2. 重视科技培训，创新帮扶模式。专家组深入一线开展技术指导。对于有强烈种植意愿的群众，组建村林下中药材种植先锋队，签订承诺书，建立奖惩制度，重点扶持，打造精品林下中药材示范点，实现以点带面。科技特派员每个月坚持到服务基地，开展面对面直接交流，及时解决实际生产中遇到的问题，利用现代通讯技术，每个村的先锋队建立微信交流群，不定期上传种植技术、病虫害防治措施，实时了解种植情况。

取得成效：

1. 建立示范基地，取得良好经济效益和社会效益。建立了周邦、普合铁皮石斛林下活树栽培基地500亩，实现亩产200千克的产量，亩产值达16万元左右。带动了30余户贫困户脱贫，户均收入在2万元以上。

2. 科技帮扶，成效显著，群众发展中药材意愿强烈。马蚌乡火把村、古障镇者黑村建立了七叶一枝花、天门冬林下种植示范基地。村种植小分队发挥了积极的示范作用，通过村示范点的建设，打消群众的顾虑，以点带面，向周边地区辐射，目前已有200多名群众报名种植七叶一枝花。西林县政府也出台相关政策扶持林下中草药种植。

14. 广西梧州市苍梧县沙头镇参田村

指导单位：广西农业科学院植物保护研究所

主导产业：柑橘+养殖

基本情况：参田村由于地处山区，耕地少，交通不便，属于相对贫困的地区，近年来由于发展阶梯小型水电站，大部分人员搬迁外地，导致土地撂荒现象十分普遍，家庭收入基本以外出务工为主，但由于技术水平低，工作不稳定，农民收入普遍不高，贫困人员

多。目前全村建档立卡贫困户高达 187 户 830 人，约占全村总人口的 40%。

主要做法：

1. 选准高效产业，引入优质品种，以点带面，推动土地流转，建立合作社或家庭农场。砂糖橘品味好，营养价值极高，一般春节前后上市，价格高，效益好，深受人们喜爱。但由于柑橘规模种植投资大，栽培技术要求高，黄龙病危害风险大，不容易被当地民众接受。为打消民众顾虑，通过科技扶持当地党员能人、青年骨干，协助引进健康苗木，建立示范基地的方式，以点带面，推动土地流转，建立砂糖橘种植为主导产业的专业合作社或家庭农场。

2. 强化科技支撑和信息交流，拓展养殖业，发展生态绿色农业。一是通过植保科技下乡的模式，选派技术经验丰富的党员或技术团队，不定期开展柑橘病虫害生态防控技术指导。二是推荐种植大户加入柑橘种植网络交流信息平台，促进信息技术交流，解决生产难题并及时了解产业发展动态。三是拓展养殖业，发展生态绿色循环农业。通过拓展蜂、鸡、鸭、鱼、猪等养殖业，蜜蜂授粉，塘泥、猪鸡粪回肥，降低种植成本，提高经济效益，促进农业生态绿色循环发展。

取得成效：

1. 科技强力支撑乡村产业发展。近年来该村在柑橘种植和养殖方面经济效益显著。自推广种植砂糖橘以来，全村规模种植砂糖橘由最初的 2 户发展到现在 60 多户，建立专业合作社和家庭农场 12 个，全村 90% 以上耕地实现流转，并在周边村镇承包土地 1 500 多亩，年产砂糖橘 8 000 吨以上。2019 年养鸭 20 多万只，养鱼 5 万多尾，生产蜂蜜 5 000 多斤。

2. 产业改造大获成功，扶贫带动作用显著。全村所有建档立卡贫困户 187 户 830 人均受益，当地群众每年从中获得每亩 600 元的土地流转费，同时每年创造了 5 000 多人次的务工机会，全村贫困人口显著降低，扶贫效果十分显著。

15. 广西贵港市桂平市石龙镇新村

指导单位：广西农业科学院农业资源与环境研究所

主导产业：富硒水稻

基本情况：广西桂平市石龙镇新村，交通便利、土地平整、水源充足、气候适宜，拥有得天独厚的天然富硒土壤资源，属广西第一个自治区级粮食生产核心示范园区的核心区域。桂平市粮食产业（核心）示范区建设面积核心区 3 500 亩，拓展区 18 000 亩，辐射区 30 000 亩。桂平市石龙镇新村的主导产业是水稻种植，该村主要依托广西桂平市永和水稻种植专业合作社，已建有工厂化育秧稻谷烘干中心 4 家，大米加工厂 1 家，各种先进农机具 800 多台（套），水稻育秧、耕地、插秧、护理、收割、贮存等环节均已实现全程机械化生产，为水稻规模化生产提供了有效保障。

主要做法：

1. 依托稻田土壤天然富硒这一资源优势，指导开展富硒水稻生产，提高了水稻种植效益。该稻区土壤硒含量在 0.4 ～ 0.5 毫克/千克，属于天然富硒土壤，但是生产出来的稻谷硒含量不稳定。自 2017 年以来，广西农业科学院资环所富硒团队利

用其熟化的稻田土壤硒素活化技术与水稻硒素营养强化标准化定量富硒技术，与该村的永和水稻种植专业合作社进行产学研合作，将现有技术在合作社自有基地上试验示范，实现稻米标准化定量富硒，其稻米硒含量稳定在 0.2 ～ 0.3 毫克/千克（符合广西富硒农产品硒含量分类要求）。目前已经通过技术培训、现场指导等方式将技术推广应用到合作社的其他成员稻田，核心示范面积已达 1 650 亩，每亩两造可增值约 2 020 元（按普通优质稻 8 元/千克，富硒优质稻 15 元/千克；每亩一年两造一般产干谷 600

千克，折成成品米 360 千克，每亩两造增加原料与人工成本 500 元来计）。

2. 引进集成土壤重金属镉超标修复新技术，保障该村示范区内生产的稻米质量得以提升。由于该区域稻田土壤重金属本底值较高，重金属超标等问题成为制约该村开发高产、高质、高值稻米的瓶颈。为解决这一难题，广西农业科学院与中国农科院、湖南农业科学院等单位的重金属生态修复团队专家在此联合开展科技攻关，以降低稻米重金属镉、稳定稻米硒、改善稻米品质、保障人体健康为目标，对该区域的土壤和水稻进行全面的数据采集，研究重金属与硒等元素在土壤—水稻中的行为特征，“摸清家底”“对症下药”。重点在品种筛选、根际调理、叶面阻控、耕作栽培、科学施肥、水分管理等方面开展科学试验研究，形成相应的技术模式 3 套，并通过专业合作社进行示范与推广。同时，广西农业科学院资环所富硒团队与土壤重金属污染生态修复团队在该区域建立了长期定位试验，监控土壤硒素形态变化、重金属镉原位钝化与叶面调控技术及产品的时效性，为后续稻米的生态安全高效生产提供了参考，以确保该村示范区生产出来的富硒优质稻米具有良好的高值商品性。

3. 构建科研单位与基地组织之间高效的产学研合作模式。以科技项目为依托，广西农业科学院资环所将研发的新产品与新技术在该村合作社的生产基地进行试验示范推广应用。即广西农科院免费为该村合作社及示范区其他水稻种植户提供技术服务的同时，富硒科研团队成员也可以免费使用该村合作社的基地进行试验示范，并提供一定的农资耗材等支持，终端农产品除广西农科院科研团队抽取用于试验检测外，其余均为基地所有者所有，有效减少了两者的组织管理成本与生产成本。每年为富硒团队节约试验成本 10 万～ 15 万元，为基地节约生产成本 20 万元。广西农业科学院资环所富硒科研团队选派培养的本科生与硕士生 2 ～ 3 名进驻基地实习，参与试验示范基地管理（基地为其提供一定的试验条件与生活条件保障），形成良性循环产学研合作机制。

取得成效：

1. 利用科学手段，有效降低稻米铬含量。通过重金属原位钝化与叶面阻控、水稻富硒阻镉等技术，让示范区稻米硒含量稳定在 0.2 ～ 0.3 毫克 / 千克的同时，有效地降低稻米镉含量 20% ～ 40%，进一步改善了稻米品质，保障了示范区内生产出的富硒稻米的高值商品性。

2. 加强科技培训，提高农户种植水平，助力脱贫攻坚。广西农业科学院资环所富硒科研团队在科技扶贫过程中以科技服务为导向，与农民专业合作社建立长期稳定的科技联系，科研人员与合作社技术人员共同参与试验研究，将科研与生产的每一环节有机融合，以便快速、有效地依靠农民专业合作社这一中坚力量将核心技术转化应用，进而辐射带动周边水稻种植户 62 户，帮扶 22 户贫困户每年增收 6 060 元，也为合作社与示范区培养了一批水稻高值化种植技术骨干。

16. 广西玉林市容县六王镇金库村

指导单位：广西农业科学院玉林分院

主导产业：沙田柚

基本情况：容县六王镇金库村位于六王镇西部，距容县县城 39 千米，距六王镇政府 15 千米，全村分为 4 个自然片，22 个村民小组，513 户，人口 2 323 人；贫困户 54 户 219 人，全村贫困发生率 9.89%，是“十三五”期间的 4 类贫困村。全村有耕地 84.53 公顷，其中水田 72.17 公顷，旱地 12.2 公顷；有林地 564.33 公顷。

主要做法：

1. 新品种示范，优化当地种植品种结构。近年来，得益于当地水土及气候等方面得天独厚的优势，容县本土产出的沙田柚品质上佳，具有风味浓、甜度适中、口感佳等优点，再加上上市时间比桂林、梅州等地区早1个月左右，因此收购价格较高，沙田柚成为容县大力推广的支柱产业。但由于传统沙田柚需要人工异花授粉，易受天气影响，造成产量不稳定；随着农村劳动力的紧缺，逐渐出现了请工难和人工成本增高的问题。针对这些情况，根据金库村农业产业结构发展状况，结合当地地理、气候、环境特点，玉林农科院研究团队引进具有自花结果、高产稳产、品质优等特点的优良新品种——桂柚1号推广种植。目前在金库村建立了20亩桂柚1号示范果园，主要示范脱毒无病良种果苗种植、水肥一体化、枝梢修剪、保花保果、病虫害综合防控、黄龙病综合防控、合理施用有机肥提高果实品质等技术。同时，还给金库村有意愿种植沙田柚的贫困户和普通农户免费提供了3 000株桂柚1号脱毒无病果苗。

2. 开展技术培训，加强产业服务。为了让种植户尽快掌握沙田柚的种植技术，使得果树生长良好，早产丰产，玉林农科院采取集中授课、现场观摩讲解、微信、电话指导等多种方式开展培训，普及现代科技知识，有效提高了果农专业素养。共举办培训班1期，现场会及田间指导多次，累计培训指导100多人次，发放资料100多份。

取得成效：

1. 推广新品种新技术，减少了成本投入，增加了收益。桂柚1号的示范推广种植，大大减少了沙田柚异花授粉的劳动力，节省了生产成本，每亩节省人工成本约350～500元，降低了因春季低温阴雨天气影响人工授粉成功的风险，容易获得高产稳产，提高了经济效益，深受种植户的欢迎。6年生桂柚1号果树，平均亩产2 500千克，果园收购价8～10元/千克，产值2万～2.5万元，有效增加了种植户的收入，扶贫效果显著，贫困户得到了实实在在的实惠。

2. 促进当地沙田柚种植结构升级，提升了产品竞争力。通过引进推广新品种，极大地改善了当地柚类品种结构，提升了果实品质，促进了柚类产业的持续健康发展。通过在金库村建立示范果园，进行产业科技扶贫示范，对当地农民，尤其是贫困户进行柑橘高效栽培技术培训，提升了农民的科学素质和种植管理水平，有效促进了增产增收和脱贫致富，带动了当地柑橘产业的可持续发展。

3. 特色产业规模化发展，扶贫带动作用显著。2019 年，金库村里的沙田柚已由过去的零星种植，发展为 200 多公顷的示范基地。该村有收成的沙田柚果林已近 70 公顷，总收入高达 200 多万元，金库村级集体经济收入达 10 万元，入股的贫困户年人均增收 2 000 多元。2017 年该村实现整村脱贫摘帽，2019 年 5 月获评“全区脱贫攻坚先进集体”。

17. 广西来宾市合山市岭南镇里仰村

指导单位：广西农业科学院来宾分院

主导产业：黑糯玉米

基本情况：合山市岭南镇里仰村地处典型的喀斯特地貌，属于较为贫困的地区，全村 435 户，总人口 1 803 人，建档立卡贫困户 135 户，560 人。以前种植普通玉米作为口粮，除了甘蔗，无其他重要产业。农民主要收入以劳动力输出为主，在村里没有经济来源。2019 年里仰村黑糯玉米种植户 21 户 83 人（含建档立卡贫困户 19 户 79 人），合山市 2020 年已经播种“桂黑糯 609”和“桂黑糯 219”达 102 亩 88 户（其中建档立卡贫困户 78 户）。

主要做法：

1. 立足当地资源，选准产业助脱贫。结合广西农业科学院的科技服务培训大行动与“八桂科普”大行动实施，通过“三区”人才支持计划贫困县科技特派员深入服务，针对当地自然资源进行调研分析，引导产业发展。该村以山地为主，缺乏水资源，山地资源丰富。科技人员经过实地调研后，认为只有种养结合发展才是出路。在来宾分院技术人员的指导下，在该村第一书记的亲自指挥下，成立了广昌隆山羊养殖专业合作社，以山羊粪加工成有机肥作为种植业肥料。大胆地引进广西农科院玉米研究所育成的"桂黑糯 609"和"桂黑糯 219"，玉米摘收后，将玉米秸秆加工成青贮饲料喂养山羊，解决山羊所需饲料的同时，山羊粪也为玉米种植提供优质的有机肥料，如此循环模式，既环保而又高效。

2. 强化科技服务，精准扶志促发展。长期以来，里仰村只是种植当地以口粮和饲料粮为主的普通玉米，缺乏种植黑糯玉米的经验和技术。来宾分院与广西农科院玉米所对接，派出科技特派员结对帮扶，宣传发动，深入田间地头服务。成立专家组，不定期到基地开展帮扶指导，传授讲解从种植管理到病虫害防治等技术，组织开展相关培训等。2019 年 4 月，当地遭遇了外来入侵物种——草地贪夜蛾为害，来宾分院科技人员及时深入一线指导害虫防控，并赠送杀虫灯，有效减少了农药用量，为玉米的安全生产提供了技术保障。

3. 利用电商平台，拓宽销售渠道提升效益。在发展种植黑糯玉米同时，针对群众遇到产品销售难的问题，科技人员通过引进电商与种植户达成协议，按照种植规程和产品标准生产，构建电商与农民利益共同体，形成联农带农高效发展示范基地，构建利益联结机制。基地通过东矿街广西水果之乡直销淘宝店进行销售，使鲜果穗的批发价格从当地市场 4 元 / 千克提高到 6 元 / 千克，让群众种得放心，卖得开心，增加了收益。

帮扶成效：

1. 经济效益可观。2019 年春季种植 78 亩，秋季种植 33 亩，累计 112 亩。经测产调查，平均每亩产鲜穗 756 千克 / 亩，按批发价格 6 元 / 千克计算，平均产值 4 536 元 / 亩，加上销售秸秆收入 500 元 / 亩，单产产值

5 136 元 / 亩。种植的 112 亩总产值为 51.77 万元。零售鲜果穗价格 10 元 / 千克，总产值为 81.24 万元。

2. 社会效益明显。通过产业科技帮扶和培训，种植户生产技术得到提高，基地优先安排了贫困户参与务工，加快了贫困户脱贫步伐，通过电商参与拓宽了销售渠道。种植黑糯玉米，为养殖业提供青饲料，促进了养殖业发展，走出了种养结合的路子。

3. 生态效益良好。基地结合山羊养殖，形成“羊粪—黑糯玉米—山羊饲料”良性循环发展，黑糯玉米秆含糖量达 11.95%，比普通玉米秆高 1 ～ 3 倍，是牛和山羊的上好饲料。黑糯玉米含有很高的花青素和酚类化合物，具有保护细胞、抗氧化、防癌、预防心血管疾病、改善视力、提高免疫力、防衰老等作用。因此，生态种养形成“秸秆肥了羊，羊粪肥了地，玉米壮了人”的良好态势。

二、“科技+平台+基地”平台带动模式

以产学研合作为重点，以平台共建为载体，按照将“实验室建在田间地头”的思路，在乡村共建各类科技扶贫平台，推动新品种、新技术、新装备在平台中落地、集成、转化和应用展示，形成科技集聚的扶贫产业示范基地，吸引广大农户主动走进基地接受技术培训，共同参与扶贫产业开发。该模式主要做法包括：

一是共建成果展示示范与推广平台。院所、院地、院企联合，依托现代农业科技核心示范区、院士工作站、科技工作站、乡村振兴战略研究院等平台，共建科技成果展示示范与推广平台，推动新技术、新品种、科技人才、科技项目向基地集聚、应用和推广，形成“化学反应”，产生“示范效应”，服务基地发展，提升基地实力。

二是共建产业扶贫示范平台。以人才项目、扶贫项目为载体，向贫困地区、基地投入项目资金、输入项目政策，与农业研究机构、农业企业、合作社在贫困地区、基地共建扶贫示范平台，形成专家帮扶、政策扶持、成果共享、平台服务“四位一体”的联动机制，形成平台带动扶贫、扶贫提升平台效能的互赢模式。

三是共建科技传播平台。依托互联网资源，联合科技专家、种植大户、农户，组建信息交流、技术传播平台，科技专家以平台为载体，线上传播科技知识，传授丰产栽培、病虫害防治等实用性技术，建立起科技与农户之间的情感沟通、技术串联机制，种植管护问题一经出现就能得到及时解决。

四是辐射周边带动发展。建成以科技特派员和产业带头人为主体、以大量乡土人才和广大农民群众为基础的“宝塔形”的新型科技服务网络，拧紧以点扩面的工作链条，面向周边农民，开展培训与交流，及时宣讲“科技+平台+基地”平台带动模式的成效，以及科技富农的功效，带动周边村民享受科技带来的新红利，实现技术到基地到周边的无障碍传递，发挥科技在脱贫攻坚、产业振兴中的重要作用。

1. 广西贺州市八步区铺门镇八俊村、兴华村

指导单位：广西农业科学院蔬菜研究所

主导产业：供粤港澳蔬菜

基本情况：八俊村、兴华村都是自治区级“十三五”的贫困村。八俊村共有耕地 2 121 亩，其中水田 1 696.8 亩，旱地 424.2 亩；有农户 682 户，人口 2 838 人，其中建档立卡贫困户 115 户，511 人，59 分以下贫困户 53 户 207 人，占 7.3%。兴华村共有耕地 1 299 亩，其中水田 1 115 亩，旱地 184 亩。有农户 386 户，人口 1 754 人，其中建档立卡贫困户 51 户，228 人，59 分以下贫困户 28 户 95 人，占 3.35%。主要有水稻、蔬菜、花生、红薯、木薯等农作物种植。青壮年劳动力多外出打工。

主要做法：

1. 开展产业调研，选定发展方向。铺门镇是距离广东最近的乡镇，拥有天然的地理优势，土地肥沃平坦，发展蔬菜基地的方向应坚持不变，但要立足粤港澳，针对性地开拓市场，建立专供粤港澳蔬菜基地，主打粤港澳热销蔬菜品种，提高种植水平，使生产与市场销售接轨。

2. 建立典型示范基地，引领产业发展。在铺门镇兴华村以蔬菜种植大

户侯新柱基地为核心，建立供粤港澳蔬菜示范基地，面积120亩。在软硬件建设方面，广西农业科学院蔬菜研究所和贺州市科技局等部门共同筹集资金，新建大棚2 000多平方米，冷库50立方米（正在筹备增建1个70立方米），购置产品销售运输车3辆。在品种结构方面，基地主打毛节瓜、丝瓜、苦瓜、豆角、豆杯、叶菜等粤港澳热销蔬菜品种，引进示范推广桂优14号、粤宝2号等毛节瓜、尖叶青苋菜、美国新手牌豆杯、四九菜心等蔬菜新品种16个。在栽培技术方面，推广应用蔬菜集约化育苗（包括异地育苗）、春提早栽培、设施栽培、水肥一体化、病虫绿色防控等技术5项以上。

3. 培育扶持种植大户，以一拖三促脱贫。注重蔬菜种植大户（科技示范户）的培育扶持，以能人带穷人，以能人促产业，以产业促脱贫。重点服务蔬菜种植大户，以及三村种养合作社、思旺蔬菜种植专业合作社、忠书蔬菜种植场等。以种植大户带动贫困户共同种植蔬菜，在栽培技术、产品销售等环节提供帮助，吸纳没有条件种植的贫困户到基地务工。通过这个方式，1个种植大户可以带动3户贫困户，扶贫效果明显，推动整村经济发展和脱贫致富。

取得成效：

1. 产业有奔头，吸引优秀人才返乡创业。带动覆盖铺门镇八俊、笛口、南华、福塔、浪水、河东、鹤洲等村发展供粤港澳蔬菜产业。吸引了陈忠书等200多名优秀人才从珠三角返乡创业。贫困户参与到供港蔬菜种植或务工取酬，月人均增收1 200元以上，年均增收12 000元以上。根据季节需求，不定时聘用季节工，增加贫困户就地务工机会，有效带动贫困户脱贫致富。

2. 科技支撑产业做大做强，有力促进当地经济社会发展。至 2019 年，共有 80 多户蔬菜种植大户、8 个农民合作社、5 个公司参与到铺门供粤港澳蔬菜基地生产上来，基地涵盖龙桂、福塔、浪水、笛口、八俊、河东、鹤州等村，甚至辐射到周边村镇。蔬菜面积从 2014 年的 3 000 多亩发展到现在年播种面积 2.35 万亩，出口蔬菜基地备案面积达 7 818.6 亩。年产蔬菜 5 万吨以上，80% 以上销往粤港澳大湾区，产值 1.6 亿元以上，成为广西对接“粤港澳大湾区”菜篮子唯一的蔬菜种植基地，为当地蔬菜产业发展及贫困群众提供了稳定的蔬菜种植岗位和经济来源。铺门镇荣获农业农村部 2020 年农业产业强镇称号，当地新闻媒体多次进行报道。

2. 广西来宾市忻城县北更乡内仁村、弄兰村

指导单位：广西农业科学院生物技术研究所

主导产业：金银花

基本情况：忻城县位于广西的中部，红水河下游，属典型的喀斯特地貌石山区。全县“石漠化”面积达 9 万多公顷，其中地处大石山区的北更乡更是山多地少，素有“九分石头一分土”之称。内仁村、弄兰村是北更乡的两个偏远山村，共有村民 1 058 户 3 773 人，耕地面积 2 177 亩，人均耕地约 0.5 亩。这两个村也是国家重点扶持的特困村。当地耕地全部为山地，土地干旱贫瘠，自然条件恶劣，一般作物很难种植丰产，因此发展种植金银花已成为贫困农户精准脱贫的主导产业。近年来，当地金银花产

业主要存在品种单一、花期较集中、栽培技术落后等问题。针对该情况，广西农业科学院与广西农业农村厅联合构建广西忻城金银花特色试验站平台，并组建广西农业科学院金银花产业服务专家组团队，指导帮扶金银花种植户。通过多年努力，当地不仅依靠金银花种植取得了良好的经济效益，还实现了种植金银花治理石漠化的生态效应。

主要做法：

1. 创新模式，产业带动，精准扶贫。试验站通过各方面的工作调研，按照"以地方特色为依据，因地制宜发展相应的产业及规模"的原则，根据两村石漠化地区特点，结合村民意向，推行"基地 + 农户（贫困户）+ 合作社（公司）+ 科技 + 培训"的模式。通过建立金银花产业扶贫示范基地，推广新品种和"金银花石山地区高效种植方法"，辐射带动当地金银花产业提质增效。推动成立了中药材种植合作社 3 个，有 246 户 785 名贫困群众与合作社签订了金银花等中药材种植协议。鼓励农民开发荒山、荒坡、荒地，在石山脚下、山地大石块旁、房前屋后种植金银花。北更乡内仁村种植金银花 3 600 多亩，弄兰村种植金银花 1 800 多亩，整个北更乡种植金银花面积已达 2 万多亩。

2. 加大品种选育和加工技术研发，打造品牌，促进产业链升级。忻城县北更乡内仁村、弄兰村、城关镇外格屯建立金银花种植示范基地 3 个，种质资源圃 1 个，花期调控试验基地 1 个，筛选广西金银花优良品种。与广西忻城县力丰农业种植科技有限公司联手攻关产品脱水加工难题，开发"忻城金银花"品牌。通过订单农业、与农户签订合同、充分利用山地种植金银花 300 亩，辐谢带动周边农户种植，促进产业链升级。

取得成效：

1. 脱贫效果显著。至 2019 年底，北更乡种植金银花 2 万多亩，其中内仁村达到 3 600 多亩、弄兰村 1 800 多亩，产值分别为 720 万元和 540 万元。内仁村贫困户共 202 户，脱贫 197 户，脱贫率 97.5%；弄兰村贫困户共 300 户，已脱贫 280 户，脱贫率 93.3%。2020 年 5 月金银花采收后，两村脱贫率均达到 98% 以上。

2. 产业升级，影响力扩大。“忻城金银花”曾经是全国金银花三大品牌之一，获得“国家级地理标志保护产品”。由于金银花种植地远离工业区，环境污染少，生产出来的金银花获得“有机产品认证证书”。2019 年，内仁村金银花收入超过万元的就有 48 户。继首届忻城金银花节在北更乡内仁村举办后，2019 年 5 月 1 日，金银花旅游节又一次在内仁村举行，共接待游客近 2 万人，金银花土特产销售额及订单达 20 多万元，内仁村成了远近闻名的“花海村”。

3. 广西百色市田东县民族村

指导单位：广西农业科学院园艺研究所

主导产业：芒果

基本情况：田东县民族村位于林逢镇东北部，村部距镇政府所在地14千米，距县城22千米，辖区总面积36 324亩。全村辖16个自然屯18个村民小组，居住壮、瑶两个民族，共458户1 801人，其中建档立卡贫困户81户278人。近年来，当地大力发展芒果种植、林下养鸡、种桑养蚕等特色产业，助推打赢脱贫攻坚工作取得了明显成效，民族村党支部荣获自治区“五星级党组织”“田东县先进集体”等荣誉称号，2019年全村贫困户全部脱贫摘帽。

主要做法：

1. 党建引领聚合力，结对共建促发展。2014年，田东芒果试验站成立，广西农业科学院园艺所作为对接专家组，以党建引领产业发展为抓手，与试验站有效对接，围绕扶贫攻坚工作，引导党员群众破除“等、靠、要”思想，带头树立勤劳致富观念，增强了贫困户自身脱贫致富的信心，充分调动了贫困群众的积极性和主动性。

2. 因地制宜选准产业，革命老区创新发展。在政府引导下，田东县民族村建立了恒东芒果专业合作社，并与那王芒果庄园、百冠芒果生态谷等融合建成芒果产业示范基地。在广西农业科学院园艺所、植保所、热作所和田东芒果试验站专家组的科技支撑下，选准桂七、台农一号等优良芒果品种作为主栽品种，打造了“政府 + 科技 + 党建 + 合作社 + 农户”的芒果产业发展帮扶模式，合作社内的农民自主经营管理，贫困户就近务工获取薪酬。到2019年，民族村已成为田东县北部山区乡镇最大的芒果产区之一，并与相邻的东养村、林驮村、德利村的芒果基地整合打造成为5万亩芒果产业示范园区。目前该园区已创建成田东中国（热带）农业公园、国家4A级景区、农村产业融合发展试点，打造出一条红色休闲农业旅游线路。

3. 培养产业精英，助力产业发展。全国人大代表、田东芒果试验站站长陆弟敏与广西农业科学院专家团队针对产业发展问题，长期开展培训及技术指导，主要围绕芒果“三三制”早花摘除技术、芒果病虫害防治等技术进行培训。为了使种植户把技术真正学到手，专家组通过重点培养基地产业精英，带动周边果农提高芒果种植技术，进一步增强了种植户发展芒果产业的信心和决心。

取得成效：

1. 产业格局基本形成。田东县民族村芒果产业已经形成发展方向明确、产业基础扎实、规模化程度高、技术相对成熟、产品品质上乘、市场前景广阔、品牌享誉度高的基本格局。

2. 产业脱贫效果显著。2017 年，民族村种植芒果超过 8 000 多亩，有 28 户建档立卡贫困户参与到种植芒果中来，户均种植 11 亩。通过合作社的带动，到 2019 年，种植户平均收入达 21 739 元，增强了造血功能，实现了稳定脱贫。

3. 乡村面貌焕然一新。在脱贫攻坚工作的推动下，全村面貌发生了巨大变化，基础设施不断完善，村民居住环境和生活条件明显改善，乡村风气欣欣向荣，产业发展蒸蒸日上。

4. 广西河池市东兰县武篆镇巴学村

指导单位：广西农业科学院水稻研究所

主导产业：东兰墨米

基本情况：巴学村位于武篆镇政府所在地约一千米，石山居多，全村耕地面积约 1 370 亩，农作物以水稻为主，玉米次之，其他种植作物有黄豆、蚕桑等。因对外交通不便，农产品价格低，即便仅有的一点水田具有平坦、连片的优势也难以让巴学村摆脱贫困的命运。至 2018 年年底全村农户 569 户 2 480 人，其中建档立卡贫困户 124 户 672 人。

主要做法：

1. 因地制宜选择产业。巴学村一直以来有种植东兰墨米自给自足的习惯。该村种植墨米距今已有 400 多年的历史，且在 2016 年 6 月东兰县获得了农业农村部颁发的“东兰县墨米地理标志保护产品”证书，这为在巴学村发展东兰墨米产业奠定了坚实的基础。此外，东兰墨米具有滋阴补肾、健脾温肝、益气补血等多种功效，长期食用，有延年益寿之功，这正符合当前大众消费需求。鉴于此，选择在巴学村种植东兰墨米具有很好的前景。

2. 筛选好品种。东兰墨米农家品种多，但普遍存在植株偏高，易倒伏，产量低等缺陷，不利于东兰墨米产业发展。为此，2014 年广西农业科学院与广西农业农村厅联合组建了广西东兰墨米试验站，工作启动以来，试验站共收集了东兰墨米农家品种 28 个，并从中筛选出综合性状好的东兰墨米品种3个，其中东兰墨米农家早稻品种1个（属感温型品种），晚稻品种2个（属感光型品种）。该品种均具有抗倒伏性较好，产量较高，口感极佳等综合性状。

3. 依托大户联建基地，带动贫困户增收致富。2019年，试验站联合种植大户在巴学村建立东兰墨米种植基地，通过免费提供优良品种和先进技术，助推基地发展壮大。种植大户不仅租用贫困户水田，并在农作时聘请贫困户到基地务工，增加了贫困户收入。

取得成效：

1. 经济成效显著。2019年在巴学村种植东兰墨米累计289亩，销售东兰墨米220万斤，年销售收入630万元。

2. 增加就业岗位和收入。2019年种植东兰墨米为巴学村提供就业岗位120个，就业人员达940人次，年收入增加16.9万元。

3. 带动贫困户脱贫。据统计，2019年通过种植东兰墨米而脱贫的贫困户达16户（61人）。

5. 广西梧州市藤县平福乡社平村

指导单位：广西壮族自治区亚热带作物研究所

主导产业：油茶

基本情况：社平村地处边远山区，山多地少，村民致富门路相对较少，被列为“十三五”自治区级贫困村。全村383户1 506人，其中贫困户47户196人，贫困发生率12.8%。该村特色产业为油茶和八角，特色产业覆盖贫困户比例达98%。2014年成立了藤县康益油茶专业合作社。近年来，在合作社的引领带动下，全村种植油茶2 800亩，集中连片种植1 000亩，吸纳50多户农户加入合作社，其中贫困户10户，党员10人。通过“科技+基地+产业+合作社+农户（贫困户）”模式不断发展壮大油茶产业，走上脱贫致富路。

主要做法：

1. 积极举办油茶科技培训，提高当地油茶种植技术水平。社平村良种油茶种植主要选用含油率为 50% 以上的岑软 3 号和岑软 2 号。1 000 亩连片良种油茶于 2014 年种植，2017 年处于幼林期，树形欠佳，主要是因为没有及时进行整形修剪和科学抚育管理。该村急需油茶修剪整形技术和丰产栽培技术，针对社平村的技术需求，2017—2019 年，广西亚热带作物研究所每年都派出签约服务社平村的科技特派员到该村举办油茶技术培训班，邀请了 4 位来自广西林业科学院专门从事油茶研究的专家授课，培训内容包括油茶早实丰产栽培技术、油茶高产栽培技术、油茶低产林改造技术、油茶整形修剪技术及油茶主要病虫害防控技术等。共举办 3 期培训班，培训 150 多人次，发放相关技术材料 100 多份。通过培训大大提高了社平村的油茶种植户种植技术水平，社平村增加了良种油茶的种植面积，促进了该村油茶产业的发展。

2. 借助相关科技专项经费，在贫困村大力推进油茶科技产业扶贫示范基地建设。2017 年，借助"三区"人才支持计划科技人员专项经费，广西亚热带作物研究所购买了 2.35 吨油茶专用复混肥料，无偿发给该村 47 户建档立卡贫困户，用于油茶冬春季节的追肥。同时，还派出科技特派员向贫困户介绍了油茶的种植与施肥技术。

2018—2019 年，广西亚热带作物研究所与广西林业科学研究院联合实施的广西基地与人才专项"贫困地区油茶高效栽培技术转化集成示范"在社平村建立了 100 亩良种油茶早实丰产栽培技术示范基地，集成与示范了油茶整形修剪、测土配方施肥、病虫害防治等技术，发放基地油茶专用肥料 16.3 吨，开展油茶科技培训约 70 人次，发放油茶技术资料 70 份。

取得成效：

1. 示范带动作用显著，产业发展规模扩大，有效带动贫困户脱贫致富。通过科技特派员的科技指导与相关科技扶贫项目的带动作用，广西亚热带作物研究所指导社平村建立油茶科技扶贫示范基地 1 000 亩，辐射带动平福乡种植良种油茶 1 000 亩，受益人数 500 人，其中带动社平村贫困户 21 户，示范、推广油茶先进适用技术 8 项，促进服务对象提高经济效益 60 万元，贫困户增收 4 万多元。下一步该村计划扩大油茶种植 5 000 亩以上，引进先进设备建设油茶加工厂，开发油茶的深加工产业，延长产业链，并通过搭载电商的方式把社平村的油茶产业推向更高一层台阶，力争5年内建成万亩油茶种植示范基地。贫困户紧靠产业扶贫项目，从“输血式”向“造血式”扶贫转变，走上脱贫致富路。社平村油茶在2017—2019年尚在初产期，亩产果约1 800～2 000斤，产值约89万元，最产值预计达到1 280万元以上。按亩计算，农户每年可有1.5万～2.5万元的持续收入，后期还可充分利用油茶林下开展养殖业，实现生态保护与脱贫致富双赢。

2. 发展油茶产业，助力全村脱贫摘帽。2017年，社平村1 000亩连片油茶基地被评为“平福软枝油茶种植示范区”，是当年藤县获得入围的两个“广西现代特色林业示范区”之一。2017年年底，在村干部的积极努力、油茶专业合作社的引领带动、广西亚热带作物研究所科技人员的指导下，社平村34户建档立卡贫困户成功脱贫，贫困发生率降至2.35%，成功摘掉贫困村的帽子。

6. 广西柳州市融水县同练瑶族乡和平村

指导单位：广西农业科学院柳州分院、广西农业科学院蔬菜研究所

主导产业：高山蔬菜

基本情况：和平村位于广西西北部，属于典型的喀斯特地貌，平均海拔750米，下辖和平、湾潮、高点、平流四个自然屯，20个村民小组，308户1 210人，纯瑶族同胞聚居，散居在海拔600～1 200米的不同地域，是同练乡五个贫困村之一。2014年全村建档立卡贫困户68户220人，村民主要经济来源靠种植杉木、毛竹、外出务工，全村人均收入2 000元，脱贫致富一直是村民们最迫切的愿望。

主要做法：

1. 党建引领，能人带头，科技支撑。2014年，在村“两委”干部赵继锋书记带领下，自筹资金成立“瑶仁合作社”，带领贫困户以入股分红的方式开展高山蔬菜种植。通过政府引导，合作社与广西农业科学院柳州分院和蔬菜研究所专家建立了合作关系，农业专家团队不定期到村指导，针对和平村高山蔬菜产业发展过程中遇到的育苗难、采收期短、栽培技术薄弱等痛点、难点进行了充分的分析。以新品种引进、集约化育苗技术推广应用为切入点，依托国家大宗蔬菜产业技术体系、广西农业科学院蔬菜研究所等平台，带动群众因地制宜参与到高山蔬菜产业发展中。完善蔬菜示范基地基础设施建设，修建“水肥一体化”“蔬菜种植温棚”“冻库和烘烤房”基础设施，共建“乡级现代农业产业核心示范区”，增加稳定收入。

2. 第一书记定点帮扶。2016年3月，柳州分院联系扶贫点为融水苗族自治县同练瑶族乡和平村，派驻一名中层干部及一名技术干部到和平村分别担任党组织第一书记、工作队员驻村开展扶贫工作。作为和平村脱贫攻坚的后盾单位，坚持扶贫和扶志、扶智相结合，建立稳定长效的“科技+基地+农户”线上线下对接机制。一是通过网络平台，联合广西农业科学院专家团队，与基地实时对接，做到及时了解问题，快速制定解决方案，确保基地生产管理有序进行。二是深入现场，确保技术落地无死角。全年根据基地生产计划，针对不同生产周期，开展现场指导培训，召开高山蔬菜技术培训会3次，集约化育苗技术现场培训会1次，结合课堂培训及现场实操，以作物育苗、生长期管理、病虫害防控等为主题，累计培训人数253人次。

取得成效：

1. 因地制宜，打造高标准高山蔬菜种植基地。2016年和平村高山蔬菜种植基地获自治区认定的“乡级现代农业核心示范园区”。园区引进优质高产蔬菜新品种17个，筛选出适宜当地的产量高、品质好、耐储运的蔬菜新品种2个。专家团队通过技术攻关，先后在和平村高山蔬菜示范区建立避雨大棚集约化育苗技术示范2亩，资助基地育苗物资约3万元，开展冬瓜、节瓜、辣椒设施集约化育苗栽培技术示范80亩。目前集约化育苗技术在示范区覆盖面积达100%，开展辣椒避雨栽培技术示范10亩，较当地传统种植模式延长采收期60天。同时建立了自己的商标“瑶山绿”，确定了自主品牌，建立了自己的销售网络，基本形成产销一体化。

2. 发展多元经营，提高农民受益水平。2019年基地蔬菜产量及销量运行平稳。通过土地入股分红、务工等带动贫困农户19户，年支付农户土地分红及务工费用18万元，累计带动农户400户1 600人，其中贫困户65户230人，为群众直接新增效益达250万元，平均每户每年增收6 250元。园区通过示范带动，村民规模养殖黑香猪、禾花鲤；种植紫薯、红心猕猴桃、食用菌、林下中草药。仅在2019年，全村有41户贫困户养殖黑香猪113头，种植紫薯75亩，养殖稻田禾花鲤110亩。

3. 党建引领，党员带动，和平村走上致富路。近年来，和平村先后获得“美丽柳州·清洁乡村”活动先进村屯、第二批柳州市级生态村、2015年度优秀“人大代表之家”等荣誉称号。2017年，创建自治区“五星级”农村基层党组织。2018年荣获柳州市“红旗村”基层党组织，2019年通过自治区保持“五星级”农村基层党组织核验。

7. 广西河池市都安瑶族自治县

指导单位：广西农业科学院玉米研究所

主导产业：玉米

基本情况：都安瑶族自治县地处云贵高原向广西盆地过渡的斜坡上，辖10个镇9个乡，距南宁市和河池市均为120千米。2016年全县人口72万人，其中农业人口54.42万人，瑶族人口约占全县人口的22%。目前全县有65个贫困村，贫困人口1.75万人。

主要做法：

1. 以“政＋企＋科”模式构建扶贫项目，形成新的产业需求。政府通过政策引导，养殖企业带动产业需求，科研单位提供青贮玉米新品种及新技术的模式，广西都安县政府2016年响应国家“粮改饲”政策，引进肉牛养殖及加工企业，并出台一系列的优惠政策，构建了“贷牛还牛”的扶贫项目，形成对青贮玉米产业技术的新需求，开发了扶贫攻坚的新途径。

2. 以“科＋企＋推”模式开展新品种新技术的研究及推广。针对当地肉牛养殖业的发展对青贮玉米产业的需求，科研单位加强品种筛选及技术研究，企业发挥资金优势进行示范，县级推广部门发挥推广经验优势，深入示范区农户开展技术指导和培训，充分发挥了科研单位、企业及推广部门在新品种新技术研发及推广中的作用。

取得成效：

1. 新品种新技术支撑扶贫项目的稳定实施。2016年以来，都安瑶族自治县把“贷牛还牛”作为精准扶贫项目在全县推广，截至 2018 年 5 月，全县“贷牛还牛”项目已发放瑶山牛 11 382 头，覆盖贫困户 11 242 户。为解决当地企业肉牛养殖中的青饲料来源不足的问题，广西玉米创新团队深入了解当地青贮玉米的发展现状、制约因素，鉴于广西没有适合栽培的优质青贮玉米品种，决定采用粮饲通用玉米作为替代品种。于 2017—2019 年与都安县农业技术推广站合作开展粮饲通用玉米的品种筛选示范、高效轻简栽培技术研究及示范、化肥农药减施技术研究及示范等，最后形成了以“优良粮饲通用玉米品种 + 轻简高效节药节肥技术 + 合理密植”的粮饲通用玉米高效生产技术，在都安县高岭镇、地苏乡、保平乡等多个乡镇建立连片示范基地，带动了全县约 5 万亩的粮饲通用玉米种植，年产青饲料约 40 万吨，可为 2.7 万头肉牛常年提供青饲料，为“贷牛还牛”项目的顺利实施提供了保障。

2. 良好效益保证了产业链的可持续发展和扶贫攻坚项目的顺利开展。 团队研究集成的“优良粮饲通用玉米品种 + 轻简高效节药节肥 + 合理密植”技术，在示范中比传统种植粒用玉米平均每年节本增收 800 ～ 1 000 元 / 亩，经济效益显著。当地肉牛养殖企业就近收购玉米青饲料，比从外地采购青饲料每吨可节约成本 20 ～ 80 元，更有利于企业的发展。另外粮饲通用玉米作为青饲料，比牧草具有更高的营养价值，无需再添加精料。团队的新品种新技术既保证了农民增收，又降低了养殖企业的成本，促进双方形成互惠共赢的模式，保证了产业链的可持续健康发展，为扶贫攻坚工作提供了强有力的保障。

3. 品种筛选、技术研发、多点示范、技术培训和媒体宣传助推产业发展壮大。团队自 2017 年开始，筛选到了桂单 162、桂单 166、桂单 0 810 等 8 个适宜当地种植的粮饲通用（青贮）玉米品种，研发了一次性施肥、机械化生产加工、节肥节药栽培、病虫害防控等多项相关技术，在全县 5 个乡镇、11 个村建立了示范基地，3 年累计示范 10 000 多亩。2018—2019 年组织召开了 2 次大型现场观摩会，邀请当地基层农技人员、种植大户、养殖大户及区内各县推广站技术人员参加，每次参会人员 150 人以上，同时通过当地电视台等媒体进行宣传，起到了良好的宣传带动作用。在示范、观摩会及各种媒体宣传带动下，全县粮饲通用玉米种植面积从 2017 年 5 000 亩发展到 2019 年 5 万亩，2020 年预计达到 10 万亩。河池市 2020 年加大了对“肉牛养殖 + 粮饲通用玉米种植”模式的推广，在金城江、东兰县等扩大实施“贷牛还牛”扶贫项目。

8. 广西百色市田林县文化镇八桂乡八高村

指导单位：广西农业科学院玉米研究所

主导产业：玉米

基本情况：八桂乡八高村位于百色市田林县南部，八高村地处大石山区，属于较为贫困的地区，以种植自给自足的口粮和甘蔗为主，无其他产业，主要劳动力如不外出务工，家庭基本没有经济来源。

主要做法：

1. 因地制宜，引进新品种。为加大贫困村群众对玉米新品种的了解，广西农业科学院玉米研究所根据贫困村生态气候条件和土壤肥力状况，有针对性地引进高产稳产、抗旱耐瘠、广适性好的玉米新品种，如桂单 0810、桂单 162、桂单 166、桂甜糯 525、桂黑糯 609 等 14 个新品种。通过举办新品种高产示范，组织广大种植户现场观摩，用现场事实说话的形式，辐射带动周边村屯农户掀起种植玉米新品种的热潮。部分玉米新品种试种示范每亩最高增产 12.49%，新技术示范最高每亩增产 12.06%，极大提高了种植户的种植收益。

2. 创新服务形式，助力产业扶贫。在“广西贫困地区玉米新品种科技集成与示范”项目的支持下，结合开展“支部联村企、科技旺产业”主题科技服务等活动，科技服务团成员先后到帮扶村开展技术服务。针对贫困户增产难增收难的问题，团队科技人员深入联系村户，做好农户与农业公司的“牵线人”，鼓励村委会、农户参加“公司 + 科技特派员 + 基地 + 农户”模式的制种项目。引进企业到基地委托农户进行玉米种子代生产，签订保价收购合同。通过制种项目的实施，让群众实现了保收增收。另外，根据养殖合作社的需求，发动群众进行全株青贮玉米生产，采用先进技术种植，在最佳时期采收并青贮。

取得成效：

1. 多措并举，增产增收取得实效。田林县建立玉米种植示范基地 620 亩，加工玉米秸秆 150 吨、价值 6 万元。加工全株玉米青贮饲料 200 吨、价值 12 万元，服务对象提高经济效益 42 万元。目前利用全株玉米发酵料养殖肉牛 200 头。采取“科技特派员 + 基地 + 农户 + 代销售”模式，引进口感好、风味佳的鲜食玉米品种桂甜糯 525、桂黑糯 609 等给贫困户试种。主动帮助贫困户联系销售渠道，提高贫困户的经济收入，实现贫困户经济收入多元化。

2. 培养了本地专家能手，提高农民组织化程度。科技人员通过他们自创的“工作指南”，带动一大批农村人在学中干，在干中学，成长为具有现代经营意识和科技文化素质的新型农民，从而打造以农业科研院校为依托、以科技特派员和产业带头人为主体、以大量乡土人才和广大农民群众为基础的“宝塔形”的新型科技服务网络，推动构建农技推广新体系。依托新的服务网络，不断在贫困村开展科技示范服务，让科技扎根农村，持续带动农民增收致富，带动农村专业技术协会、合作社等发展壮大，提高了农民的组织化程度。

9. 广西来宾市武宣县禄新镇地有村、思龙村

指导单位：广西农业科学院经济作物研究所

主导产业：甘蔗、花生

基本情况：广西武宣县是广西甘蔗种植大县，禄新镇地有村和思龙村农民按传统习惯常年种植甘蔗，作物单一，种植效益偏低，且存在与花生等其他作物争地矛盾、甘蔗连作障碍等难题。

主要做法：

1. 探索种植栽培新模式，创建地方标准。自 2009 年开始，广西农业科学院经济作物研究所致力于甘蔗花生间作高产高效绿色栽培技术研究。特别针对广西甘蔗种植面积大、种植效益偏低和花生发展因作物争地矛盾突出受到限制的问题，经过多年攻关，创建了宽行甘蔗间作花生栽培技术，形成了广西地方标准。2016 年起，广西农业科学院经济作物研究所把最新的研究成果带到武宣县禄新镇，与当地政府和农业技术推广站合作示范推广高产高效绿色的甘蔗间作花生新技术，助力当地农户脱贫致富。

2. 科学种植、合理搭配。宽行甘蔗间作花生技术，可使蔗地通风透光、甘蔗生长具有边行优势，甘蔗有效茎稳定，单茎重显著增加且不易倒伏。甘蔗间作花生不仅可以增加产品的有效供给，还可以通过花生生物固氮能力培肥地力，减少化肥用量，丰富生物多样性，减少了甘蔗、花生病虫害的发生，对提高甘蔗产量和品质、提高经济和生态效益均有重要的作用。实现甘蔗花生高质高效绿色发展，对促进广西糖业和油料可持续健康发展有重要的意义。

取得成效：

1. 探索出甘蔗间套种花生的高效生产模式，增加了亩产值。经过 4 年的生产检验，证明该技术在保持甘蔗产量和单作相当的情况下（间作条件下甘蔗产量 6 ～ 9 吨），每亩多增收一造花生（干荚果亩产量达 100 ～ 150 千克），每亩增加经济收入约 1 000 元。该项技术使一亩甘蔗地多出半亩地用于种植花生等作物，大幅度提高了土地的利用率和经济、生态效益，受到了种植户的欢迎。

2. 新模式深受百姓欢迎，推广面积逐年增加。在禄新镇地有村、思龙村建立了核心示范基地1 000亩，累计增加当地经济收益100万元。辐射推广5 000亩，有效解决了当地糖、油争地的矛盾，增加了农民收入，助力当地农业发展。2017年和2018年广西卫视、南国早报等多家媒体进行了报道。

10. 广西南宁市宾阳县思陇镇六岑村

指导单位：广西农业科学院玉米研究所

主导产业：甘薯和鲜食玉米

基本情况：六岑村是宾阳县思陇镇辖区内一个较为贫困偏远的行政村，地处思陇镇西南部，全村大约6.1平方千米，距镇政府驻地约13千米。全村耕地面积1 082亩，山林面积45 800亩，以种植农作物及山林为主。六岑村共有19个自然村，2015年精准识别609户2 734人，2016年建档立卡（71分以下）贫困户为95户362人，其中低保贫困户有26户68人。

主要做法：

1. 因地制宜引进甘薯玉米良种，推广“科技+合作社+基地+农户”种植示范生产模式，实现共赢。经调研发现，六岑村自然资源丰富，环境优美，水源优质且充足，土质沙壤，种植甘薯已有上百年的历史，但是90%以上的品种都属于本地白紫花心薯，种植及管理传统粗放，产量低、收益少。针对上述情况，科技人员通过引进优良新品种桂紫薇薯1号，对当地种植的紫花心甘薯进行提纯复壮，改良栽培方法等，让农户改变了传统的种植方式，提高甘薯的产量和品质。2018年，以“科技+合作社+基地+农户”种植生

产模式，在主要甘薯种植村（六闭村、白石村）示范种植桂紫薇薯1号51.5亩，平均亩产1 170.09千克，比地方花心薯增产31.96%。除了甘薯，科技人员还应村民要求引进优质鲜食玉米新品种桂甜糯525和桂甜糯218，深受农户喜欢。由于桂紫薇薯1号和桂甜糯525口感好，种植效果反响好，2020年当地继续扩大鲜食玉米和甘薯的种植规模，面积达到210多亩。

2. 利用科技平台，与合作社积极申报立项，创造合作机制，推进特色产业发展。充分利用科技平台，与刚成立不久的“思陇山里红薯种植农民专业合作社”联合申报并立项，为贫困村地方产业发展争取所需的经费支持。在南宁市“特色甘薯品种引进筛选与示范推广”项目的支持下，以科技示范服务贫困村，让科技扎根农村，持续带动农民脱贫。通过项目的实施，从国内外引进高产优质甘薯新品种，进行筛选鉴定，并指导形成“良种、良法”的科学种植管理经验，提高栽培水平。在山区劳动力极度缺乏情况下，购买小型耕地机、起垄机等设备，大大提高了作业效率，扩大了种植规模。免费发放甘薯种苗和鲜食玉米种子、农业生产物资，示范新品种、新技术、新设备，为辐射带动六岑村大规模发展扶贫产业打下坚实的基础，推动甘薯和鲜食玉米成为贫困村贫困户脱贫的特色产业。

3. 加强技术培训，协办村民合作社。2017—2018年，科技人员在宾阳县开展有关甘薯玉米技术方面培训8次，培训618人次，通过“甘薯新品种育苗繁苗及栽培技术”“鲜食甘薯新品种高产栽培技术”“广西玉米间套作甘薯栽培技术措施”“甘薯收获贮运”“科技特派员贫困村种植养殖业科技”“甘薯蚁象发生规律与综合防控”等培训，进一步提高农民的科学种植技术水平，种植效益显著提高。科技帮扶工作得到了当地群众认可，村委和村民特意邀请扶贫团队协办村民合作社。

取得成效：

1. 增产增效，促进脱贫。2017—2018年在六岑村，示范基地项目直接带动农户合计29户，其中贫困户15户，示范面积51.5亩，其中桂紫薇薯1号平均亩产1 170.09千克，亩增产283.4千克，按3.0元/千克市场收购价计算，帮扶户平均增收1 509.84元，陆锡凤、凌元凤等5户已于2018年脱贫。

2. 产业辐射带动效果明显。玉米种子和甘薯种薯引进示范以及实用小型设备的应用，加快了产业转化步伐，并且辐射带动了周边村（黄冠、平安），从而促进广西甘薯玉米产业的发展，推动广西农业科技进步。

11. 广西百色市田林县

指导单位：广西农业科学院植物保护研究所

主导产业：芒果

基本情况：田林县是广西贫困地区，是一个历史文化悠久的革命老区，聚居着壮、汉、瑶、苗、彝、布依等11个民族，全县山地面积占94.8%，森林覆盖率达73.6%。可供种植农作物的耕地面积极少，属于贫困山区，大部分贫困户都是开辟山地种植果树，以提高经济收入。田林县富丽水果种植专业合作社所属种植户主要集中在乐里附近，是田林县首家以发展种植芒果为主的专业合作社。通过“合作社 + 基地 + 农户 + 技术指导”的形式，合作社为社员及周边农户提供技术指导及咨询，极大地提高了种植户经济收入。

主要做法：

1. 推动科学技术落地生根，促进产业发展。加强农业科学技术宣传，使负责人、带头人、种植户提高认识，依托新品种新技术提高产业竞争力。团队重点扶植合作社带头人，以他们为核心推动科学技术落地。通过芒果病虫害防控技术指导和共建示范基地为切入点，使群众看得见产量、质量和果品商品率的提高，得到实实在在的经济效益，提振种植户应用新科技的信心。

2. 结合实际，选准高效产业和带头人。芒果产业是适宜田林县贫困户脱贫致富和持续提高经济收入的主要产业，富丽水果种植专业合作社负责人傅旭安对产业和技术有充分的认识，并且有能力带动一批种植户。目前已带出典型芒果种植专业户王得顺，王得顺又带动了6户新的贫困种植户，并建成青年创业基地。通过带头人的示范和传、帮、带作用，不断发展产业和带领贫困户脱贫致富。

3. 搭建科技传播平台，强化技术支撑，提高技术服务质量。田林县是芒果新扩种区，原来芒果病虫害防治技术基本上是一片空白，病虫害为害严重。团队科技人员通过实地调研，联合栽培团队和当地科技人员、种植骨干和种植户，建立QQ群和微信群，搭建科技信息平台，传播科学技术。以团队的技术骨干作为指导员，根据芒果物候期，经常深入田间地头，积极提供解决问题的技术方案，解决示范基地管理过程中出现的实际难点问题。例如，帮助解决芒果“露水斑病”、炭疽病、橘小实蝇、介壳虫等病虫害防治问题，探索建立索道以解决肥料和果实采摘在山坡的运输问题。为强化技术落地效果，提高服务质量，技术团队不断加强技术专题培训、发放相关技术资料和田间技术指导，并与当地农技部门、合作社及种植户密切沟通，共同创建了“科技服务平台+合作社+产业示范基地+党建+贫困户”的扶贫新模式，为贫困户持续致富，减少返贫和芒果产业的持续发展，提供有力支持。

取得成效：

1.合作社规模扩大，辐射带动作用强。经过技术团队近10年来的技术支持，该合作社不断壮大，从2011年的200多亩，发展到1 000多亩，并带动周边群众种植芒果达2万多亩。目前合作社成为田林县典型的优秀示范合作社之一，在合作社示范基地及周边已形成“芒果长廊”，成为田林县“芒果种植示范区”，带动了一大批贫困户种植芒果脱贫致富。

2.打造自主品牌，提升产品竞争力。合作社示范园分别获评“广西园艺（芒果）作物标准园”和“农业部热作标准化生产示范园”。合作社芒果已注册了“韵林”牌商标，并且获得“绿色食品”认证。

12. 广西南宁市西乡塘区双定镇义平村

指导单位：广西农业科学院农业资源与环境研究所

主导产业：柑橘

基本情况：义平村位于南宁市西乡塘区双定镇西北部，有居民 1 556 户共 6 049 人。辖武义、下平、香山、拢英 4 个自然坡，面积 54.10 平方千米。耕地面积 12.37 平方千米，林地面积 20 平方千米，传统种植水稻、西瓜、香蕉为主。

主要做法：

1. 精选产业，山地产出致富果。近年来，由于香蕉市场价格剧烈波动，经常丰收不增收，出现“果贱伤农”的情况。双定镇党委、政府从市场需求和价值规律出发，积极调整农业结构，因地制宜，坚决落实“一村一品”政策，依靠广西农业科学院专家团队闯出一条产业转型升级之路。从 2015 年开始，双定镇将义平村香蕉、西瓜等传统作物进行转型升级，大力推广种植砂糖橘、沃柑等优势水果产业。现如今，万亩柑橘园业已建成，且呈现迅猛增长之势。据统计，义平村近 1 500 户农民选种柑橘，其中含贫困户 28 户，面积近 3 万亩，年产量近 9 万吨，产值近 5 亿元。

2. 科企合作，实施“订单式”科技培训服务。广西农业科学院农业资源与环境研究所联合南宁市西乡塘区科技局，在南宁市义平水果种植专业合作社建立“科企工作站”，以项目支撑和技术服务的形式为合作社提供服务。根据农户需求，按需下单，邀请专家来到田间地头送技术，传授种植、病虫害防治等科技知识，农民认真学习取经，迅速增强“内功”，再也不用担心技术问题。

3. 支部联村企，培优产业发展。广西农业科学院农业资源与环境研究所与义平村党总支部采取支部共建的形式，联合共建示范基地。针对南宁市义平水果种植专业合作社基地为坡地果园，坡度10°～30°，水土流失严重等问题，为其提供了“柑橘—绿肥间作技术”“柑橘—绿肥—家禽立体种养技术”。通过在柑橘行间种植绿肥，养殖鸡、鹅等家禽，实现控制杂草、抑制虫害、培肥地力、减施化肥农药、生产清洁果品的目的。基地作为国家绿肥产业技术体系在广西的首家“柑橘—绿肥清洁生产示范基地”，得到了区内外领导、专家、企业的广泛关注。2018 年 5 月，南国早报以“柑橘树下种肥草，肥了果园风景好”为题进行了专题报道。

取得成效：

1. 产业辐射、带动发展。近年来，义平村发展了万亩柑橘产业，深化推进“生活甜美”专项活动，使得“资源变资产，资金变股金，农民变股东”，该产业更是实现了“从无到有，从有到优，从优到强”的华丽转身。随着村里柑橘产业的迅速发展。也带动了义平柑橘交易市场的迅速发展。义平柑橘交易市场容纳了周边约 4.5 万亩种植面积的柑橘产量，日交易额达 500 万元，是西乡塘区最大的柑橘交易市场。

2. 提供岗位，助农增收。产业的蓬勃发展为附近贫困村民提供了务工机会，带动了“家门口就业”，2019年创造了5 000人次的务工机会，人均增收近万元。

3. 产业增效，农民增收。2018年南宁市义平水果种植专业合作社首次开园，产量达25万千克，产值约200万元。2019年进入丰产期，产量达75万千克，产值约600万元，亩纯收入约1.8万元。该基地带动义平镇129户贫困户，每个贫困户入股5 000元，每年有8%的红利；同时贫困村秀山村也入股该合作社，每年有4万元村集体经济收益分红。

13. 广西柳州市柳城县凤山镇对河村

指导单位：广西农业科学院柳州分院

主导产业：桑蚕

基本情况：柳城县凤山镇对河村位于融江河畔，三柳高速公路穿境而过，土地平整，交通便利。全村共11个屯1 300余户4 800多人，主要经济来源为桑蚕、甘蔗、外出务工。2015年，对河村部分村屯的道路还是坑洼不平的“水泥路”，全村贫困人口有155户500多人，年人均收入不到万元，被列为贫困村。

主要做法：

1. 推动“党建”＋脱贫攻坚，指导帮助贫困村建设农业示范区，积极助推桑蚕示范区提质升级。柳州分院科研生产党支部与对河村“禅韵丝缘”现代蚕业核心示范区塘进蚕业发展协会党支部开展结对共建，形成“科技＋支部＋示范区＋协会＋基地＋农户”模式，充分发挥自身优势，找准合作切入点，引导党员积极投身科技服务脱贫攻坚工作中，积极组织党员开展现代特色农业示范区服务行动、贫困村科技特派员科技帮扶行动等多种不同形式的主题活动，围绕桑蚕主导产业和群众需求，引进、示范、推广蚕桑新品种新技术。

2. 积极开展调研指导与培训，提高贫困户种养水平。一是先后邀请西南大学鲁成教授、华南农业大学刘吉平教授、广西蚕业科学研究院陆瑞好、闭立辉、林强研究员等区内外桑蚕专家到对河村进行调研指导和科技培训，为发展桑蚕生产把脉。二是选派经验丰富的科技人员作为科技特派员，定期到村里开展技术帮扶指导，为当地桑蚕产业规划、提质增效出谋划策。

3. 送服务、送技术、送物资，科技帮扶兴蚕桑，物技结合促发展。充分利用项目平台，在贫困村建立新技术示范点，注重农资帮扶与技术指导相结合，开展现代种桑养蚕技术示范，以点带面，让广大贫困户看有样板、学有示范，辐射带动周边农户开展蚕业生产。

取得成效：

1. 示范区建设取得良好成效。“禅韵丝缘”现代蚕业（核心）示范区核心区 4 500 亩，其中桑园 3 500 亩，种桑养蚕户 168 户，是一个以种桑养蚕为主导产业兼顾桑蚕资源综合开发利用、生态休闲旅游产业的现代特色农业（核心）示范区，被政府认定为“广西现代特色农业核心示范区（四星)”。

2. 引进先进技术和设备，促进产业发展。在区、市、县桑蚕办技术专家的指导下，村民们抓住有利时机，改良桑树品种，发展小蚕共育，并将喂蚕轨道车、自动采茧器等先进器具运用到生产当中，进一步提高了桑蚕生产效率。

3. 示范区带动周边百姓致富，有效降低贫困发生率。对河村桑园面积由 2015 年的 1 000 多亩发到 5 000 亩，养蚕户达 600 多户，占该村人口一半以上。2018 年，对河村实现农民人均纯收入达 13 100 多元，全村每年种桑养蚕一项的收入达 2 900 多万元。空调、电冰箱、洗衣机等家用电器进入了寻常百姓家，不少村民还购买了小汽车。2019 年，对河村贫困发生率由 2016 年年初的 5.6% 下降到现在的 1.01%。

14. 广西北海市合浦县石湾镇

指导单位：广西农业科学院蔬菜研究所

主导产业：豇豆

基本情况：广西北海市合浦县石湾镇地处南流江下游，全镇总面积 245 平方千米，耕地面积 4 180 多公顷，辖 16 个村委会，1 个居委会，总人口 4.4 万。其中，石湾镇兵岳村、大浪村等属于较贫困地区，贫困人口 300 人。石湾是一个农业大镇，豇豆生产是石湾镇的特色产业，种植豇豆已成为贫困户脱贫致富的重要手段，但也遇到一些发展难题：一是技术服务缺经费，新技术下沉难；二是农技推广人员数量有限，知识结构老化，技术水平有限，无法满足产业对科技的需求；三是贫困户面临种植的豇豆品种杂乱，老品种退化严重、抗性差、收益低等问题。

主要做法：

1. 举办现场展示会，扩大豇豆种植规模和影响力。广西农业科学院蔬菜研究所蔬菜产业扶贫团联合合浦县农业技术推广中心、石湾镇农业服务中心在石湾镇垌心村，共同举办 2017 年秋、2018 年春豇豆新品种现场展示会，分批次组织 1 500 多名贫困户和豇豆种植户参观学习，实行看豆选种。

2. 引进优良品种，推动品种更新换代。引进蔬菜研究所繁育的桂豇1号、农丰3号、农丰9号等优秀豇豆新品种12个。在合浦的石湾、廉州、石康、常乐、星岛湖等乡镇广泛种植，为当地豇豆品种更新换代做好示范推广工作，同时组织广西创新驱动专项科技人员及销售企业到现场参观指导。

3. 加大培训力度，提高农户种植水平，实现提质增效。联合合浦县农业技术推广中心和广西农业技术广播学校合浦分校等单位进行高素质农民技术培训，通过课堂和现场培训方式，包括品种选择、蔬菜病虫害防治、农药的合理利用、减量施肥等内容，为农业生产提质增效提供技术保障。

取得成效：

1. 促进合浦县豇豆产业发展，扩大合浦豇豆主产区的影响力。合浦豇豆在科技特派员指导下，豆荚外形美观，产量得到大幅提升，质量安全获得保障，为广西最大的豇豆产业基地的绿色防控和新品种更新换代保驾护航。产品畅销全国二十多个省市，年产值超过50亿元，人均收入超过2 000元，效益显著。

2. 以实地调研为基础，蔬菜产业扶贫团针对贫困村存在的问题进行科技示范和技术培训。累计共开展实地科技服务50天，引进、示范、推广蔬菜新品种15个、新技术5项，开展科技培训1 000多人次，全镇贫困人口80户120人受益。2018年，石湾镇贫困户20户35人种植优良豇豆品种，采用高效栽培技术，平均每亩增收1 000元，增强了贫困户脱贫致富的信心。

15. 广西防城港市上思县公正乡信良村、叫安镇百包村

指导单位：广西南亚热带农业科学研究所

主导产业：茶叶

基本情况：上思县位于广西南部，十万大山北麓，年平均气温21℃，年平均降水量1 217.3毫米。气候温和，雨量适中，无霜期长。土地广阔肥沃，土层深厚，植被茂盛。种植茶叶具有悠久历史，但由于茶叶品质跟不上市场的需求，茶园逐渐减少和淘汰。现仅存两个合作社从事茶叶种植生产。上思茶叶发展遇到的主要问题：一是品种结构比较单一，绝大多数是20世纪六七十年代种植的云南大叶茶品种；二是加工技术水平落后，生产效率低；三是茶叶产品品种少，品质差，经济效益不高。

主要做法：

1. 引进优良新品种、推广新技术，建立茶叶生态种植示范基地。针对上思县茶叶产业面临的难题，科技人员经过充分调研论证，指导上思县盈福茶叶专业合作社和百包茶叶专业合作社引进金牡丹、紫牡丹、黄玫瑰等国家级茶树良种，采用“两压两填”茶树高产栽培技术，建立200亩茶叶绿色生态栽培示范基地。推广茶园病虫害绿色防控，基地内不施化肥不喷农药“两不”措施。在茶园放置诱虫灯和黄板，生物诱杀害虫，促进农户节本增收。

2. 创新科技扶贫模式，提升产品竞争力。形成“科研＋合作社＋基地＋农户＋市场”合作新模式，以合作社企业为龙头、科研院所为技术依托、农户建基地为主体的茶叶产业化经营模式，优化劳动力、资本、土地、技术、管理等要素配置，推广种植新品种，形成了以红茶为主、绿茶为辅，开发适应市场需求的茶类产品。

3. 帮助合作社设备改造升级，提高产品质量，增加收益。指导合作社开展科技项目研究和茶叶新产品开发，对合作社改造升级，淘汰陈旧老

化的制茶设备，按照市场SC生产许可办证管理办法，从原料进库到包装出库进行标准化生产。争取科技项目资金引进茶叶加工设备，改进加工工艺，改变烧柴杀青的老做法，使用电杀青机和提香机，降低生产成本，提高生产效率，提升茶叶产品质量和档次，增加农户收入。

4. 加强科技培训，提高茶农专业水平。2014年以来，广西南亚热带农业科学研究所派驻多任上思县科技特派员，共举办了茶树种植及茶叶加工科技培训班30余次，培训农民1 200余人次，发放培训技术资料3 000余份，采取24小时在线答疑及时提供茶叶产业的科技服务，解决茶树种植加工技术问题，带动贫困户精准增收脱贫。

取得成效：

1. 茶叶专业合作社旧貌换新颜。上思县盈福茶叶专业合作社和景超茶叶专业合作社新种植茶园共计150亩，更换茶树新品种100亩，两个合作社新建600平方米的厂房，添置新设备10台（套）。辐射带动公正乡那齐村开始种植茶叶，调整产业结构。

2. 促进就业增加收入。盈福茶叶合作社负责人黄丽燕是当地有名

的女能人，她在谋求自身发展的同时，还倾力帮扶更多女同胞，吸引当地妇女到茶场就业，实现了她们不外出也能打工的愿望，获市妇联授予“防城港市巾帼科技示范基地”称号。合作社每年共计创造 650 人次务工机会，30 名农户长期就近参与务工，人均年增收 6 000 多元，实现脱贫增收。随着茶叶品质提升和卖价不断提高，合作社茶叶销售额逐年递增，成员收入增多，建起了楼房。20 户建档立卡贫困户实现脱贫。

3. 茶叶品质得到大幅度提升，研究成果丰硕并获得多项荣誉。上思县盈福茶叶专业合作社实施的“茶树良种金牡丹引进及加工新工艺研究”关键技术获得了自治区科技成果登记。已获得国家发明专利 3 个：分别是金牡丹红茶制备方法、紫牡丹红茶制备方法、普洱生茶晒青茶制备方法。合作社生产的天香红韵红茶 2016 年荣获第四届“国饮杯”特等奖；2018 年荣获第五届“国饮杯”一等奖；2019 年通过 SC 认证，获得食品生产许可证，可加工绿茶、红茶、乌龙茶和袋泡茶等。

16. 广西南宁市邕宁区汉林村

指导单位：广西农业科学院农产品加工研究所

主导产业：果桑

基本情况：新江镇汉林村位于新江镇南面，距城区 24 千米，距镇政府 8 千米。邕钦公路贯穿全村。全村下辖汉林、那余、那龙三个坡，有 22 个村民小组，3 236 人。村党总支部下设 3 个党支部，党员 69 名。汉林村有水田 3 082 亩，人口 3 236 人，其中贫困人口 117 户 483 人。种植业以水稻、甘蔗、木薯、花生、桑叶为主。

主要做法：

1. 引进新特桑树新品种，建设示范基地。邕宁区汉林村传统种植产业为桑蚕和甘蔗产业，但存在劳动力投入大、桑园亩产效益低等问题。为挖掘桑树自身多种用途，提高植桑经济效益，增加蚕农收入，2014 年加工所派遣科技特派员专门对接服务汉林村。通过充分的调研论证，引进果叶两用型果桑——果大 10、加工型果桑——台湾四季大果桑、观赏采摘型果桑——台湾四季长果桑品种。对立地条件、果园建立、栽培管理技术、经济效益等研究分析，形成桑果从园地选择、规划、果桑苗栽植、病虫害防治、果实采摘、运输一整套技术。2015 年，创建了 256 亩果桑高效种植与加工示范基地，带动村民增收致富。

2. 成立合作社，带动贫困农户脱贫。采取“特色产业 + 技术研发 + 合作社 + 加工企业 + 贫困户”的运作模式，通过基地的示范，农户看到果桑种植效益，纷纷提出种植果桑的愿望。组织成立了蚕桑种植加工合作社和绿宝农产品产销专业合作社，通过示范带动 30 户农户对蚕桑进行改良，产生良好的经济效益，带动了贫困农户脱贫。

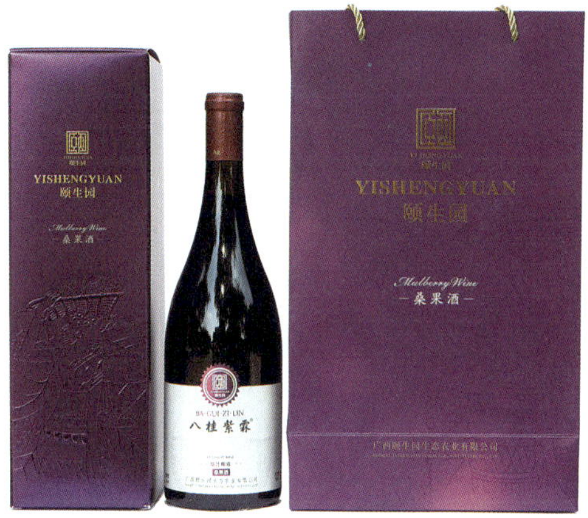

3. 对接开发新产品，引进加工企业，开展一条龙服务。为促进产业发展，利用桑果原料开发了5个桑果深加工新产品，包括桑果汁饮料、桑果酒、桑果酸水牛乳、桑果果粉、桑果膏，并已起草出5个桑果加工产品产业化生产流程标准。引进颐生园生态农业有限公司进行桑果原料的收购生产，创建年产能500吨的桑果加工集体经济企业（广西邕州轩纳生态农业有限公司）1个，形成产销加工产业链，解决农户种植销售的后顾之忧。

取得成效：

1. 突出特色，效益凸显。引进果叶两用型果桑、加工型果桑、观赏采摘型果桑，在汉林村建立了256亩果桑优质高效栽培示范基地，中心示范片代表区块亩产新鲜桑果1 326.7千克，辐射区代表区块亩产鲜桑果1 273.4千克，平均每亩增产179.3千克，增幅15.6%。借助汉林村区位优势结合桑果的新特奇，吸引观光休闲采摘以及采收加工，种植户的增收效益凸显，亩效益可增加2 000元以上。

2. 降低种植风险，促进农民增收。建立了“科技 + 公司 + 合作社 + 基地 + 农户”的产业化组织模式，有科技领航、公司收购、合作社组织管理、基地示范，为农民增收起到良好的保驾护航作用，降低农民种植的风险，更好地保护农民的利益，促进当地经济发展。

3. 增加就业机会，维持社会稳定。通过带动农户种桑的积极性，为社会直接提供310多个工作岗位，缓解就业压力；间接可使160多户农民参与蚕桑种植，人均年收入达到13 500多元。加上产品代工，将在原有基础上增加2～3倍的岗位，带动地方相关产业（如包装、印刷、制罐、运输等）的发展，促进地方产业结构延伸，大力带动地方经济发展。

17. 广西来宾市兴宾区凤凰镇富尧村

指导单位：广西农业科学院甘蔗研究所

主导产业：甘蔗

基本情况：富尧村有 10 个自然屯，人口 5 700 人，共 1 657 户，其中建档立卡贫困户 153 户共 572 人，贫困人口多。该村有土地 2 万多亩，人均 3.5 亩，以种植甘蔗为主，种植结构单一，甘蔗种植水平低，亩均产量不足 4.5 吨。

主要做法：

1. 协助规划来宾国家农业现代园区，打造甘蔗高质量种植示范基地。来宾国家农业现代园区以甘蔗为主导产业，甘蔗所科技人员通过实地考察调研，制定园区甘蔗产业发展规划。通过流转土地 1.5 万亩，每亩土地年租金 1 000 元，贫困村农户一年可获得稳定地租收入 1 500 万元。

2. 加强科技培训，提升蔗农种植管理水平。富尧村农户收入来源主要靠种植甘蔗，但由于缺乏技术，甘蔗种植管理较为粗放，导致亩产不高，经济效益低下，严重影响了农民种植甘蔗的积极性。甘蔗研究所科技人员以技术培训和田间指导为切入点，在甘蔗生长的各个关键节点派科技人员亲自下田开展科技培训，有效提高了当地蔗农甘蔗种植水平，显著增加亩产，提高收益。

3. 科技支撑，提高示范园区的科技引领作用，带动贫困地区甘蔗产业的发展。甘蔗研究所通过引进推广甘蔗新品种新技术，提升了国家农业现代园区的科技引领作用，使其成为国家级的区域良种繁育中心。近年来，甘蔗研究所与园区共建了自治区级良种繁育一、二、三级基地四个，面积6 000多亩，引进国内外甘蔗新品种20多个，并形成以繁育桂糖系列品种为主的国家级的区域良种繁育中心。园区引进甘蔗所新研发的甘蔗健康种茎标准化生产技术，建成甘蔗健康种茎标准化加工厂一座，年可生产供应6万～8万亩以上甘蔗健康种茎，带动了来宾蔗区乃至广西全区甘蔗种植技术的提高。

取得成效：

1. 国家农业现代园区影响力巨大，对甘蔗产业的引领带动作用明显。拥有国家级的区域良种繁育中心1个，自治区级良种繁育一、二、三级基地四个，甘蔗健康种茎标准化生产技术、甘蔗全程机械化生产技术示范成效明显。2020年3月9日，自治区党委副书记孙大伟率队到来宾市国家现代农业产业园调研甘蔗良种繁育及甘蔗健康种茎加工厂生产情况，充分肯定园区的做法，要求加快甘蔗新品种繁殖和新技术推广步伐，为推动全区糖料蔗产业的健康持续发展贡献力量。

2. 辐射带动周边蔗农提高了甘蔗种植水平，增加了收益。通过园区的示范作用，带动贫困地区群众更换新品种，应用新技术，提高了甘蔗产量，增加了收入。甘蔗亩产由原来的4.5吨，提高到现在的6吨左右，亩增加750元。

3. 增加务工机会，促进了土地流转，提高了收入。通过土地流转约1.5万亩，年收入达1 500万元，全村人均收入2 631元/人。园区每年创造50 000人次的务工机会，按100元/工，用工收入达500万元，全村人均增收877元。

三、“科技 + 企业 + 农户”企业带动模式

以院企合作为重点，以龙头企业为载体，加强与农业龙头企业的科技合作，依托农业龙头企业对科技成果实现大转化、快转化，依托农业龙头企业对小农户运用科技成果实现有效衔接，通过企业的产业带动力放大科技扶贫效果，形成覆盖更广、针对性更强、应用更直接的科技扶贫成效。该模式主要做法包括：

一是引导企业入驻贫困地区。通过与企业签订院企科技合作框架协议，引导有担当的规模化企业、龙头企业、新兴企业等进驻贫困地区参与科技扶贫，借助企业专业化操作，提升贫困地区扶贫特色产业布局，激发企业社会责任感，带动贫困村贫困户脱贫致富奔小康。

二是共同开展科技扶贫项目。根据贫困地区扶贫产业开发实际，协同开展科技扶贫项目，农科院负责品种技术指导，企业负责带动贫困村贫困户发展产业，以企业为桥梁实现科技与农户的有效衔接，提升贫困户依靠科技参与现代农业发展的能力。

三是联合创建产业品牌。双方在各自领域整合资源力量，围绕贫困地区的产业优势和特色，联手打造扶贫产业品牌，提升扶贫产业和贫困地区农产品的市场竞争力，带动农户增收致富。

1. 广西南宁市隆安县那桐镇

指导单位：广西农业科学院生物技术研究所、广西农业科学院园艺研究所

主导产业：香蕉、火龙果

基本情况：南宁市隆安县那桐镇总人口4.7万人，其中农业人口4.2万人。农业生产是那桐镇农户主要经济来源，以前的产业以水稻、甘蔗为主，特色农产品有木薯、板栗、龙眼、荔枝、芒果等南亚热带经济作物。2003年农业总产值13 216万元，农民人均纯收入2 343元，希望早日摆脱贫困成为了那桐人民的共同愿望。

主要做法：

1. 联合攻关，破解产业发展难题。2011年，广西农业科学院与广西金穗农业集团有限公司合作共建了自治区级香蕉育种与栽培工程技术研究中心，双方联合开展技术攻关，先后破解了香蕉标准化种植技术、香蕉抗寒害冻害及产期调节技术、香蕉浆加工技术等技术难题，建立抗枯萎病香蕉新品种“桂蕉9号”的试种示范基地，开展新品种示范与推广。2013年，广西农业科学院园艺研究所与广西金穗农业集团有限公司合作，在那桐镇定典村率先引进免人工授粉火龙果品种“金都一号”“桂红龙1号”等，集中示范“连排式栽培架＋标准化整枝”“补光诱导火龙果产期调节技术”

等适于规模化、标准化和集约化生产的优质高效栽培配套技术。

2. 科技支撑，促进一三产业大融合。2015 年以前，广西香蕉业深加工方面几乎是空白，99% 以上的香蕉均以鲜销为主，而香蕉集中上市容易造成滞销，产业效益难以最大化，同时造成非商品蕉资源的浪费。广西农业科学院、广西金穗农业集团有限公司紧紧围绕“种植产业园、香蕉产品深加工产业园、香蕉交易产业园、蕉园新村观光体验园”四大板块规划，以香蕉“上、中、下”游相关产业链建设作为主导，丰富和完善产业链条，使香蕉产业实现了从一产向三产的大融合。在香蕉产业的推动下，当地因地制宜规划种植了 20 万亩火龙果，火龙果成为当地又一个助农增收的特色产业。

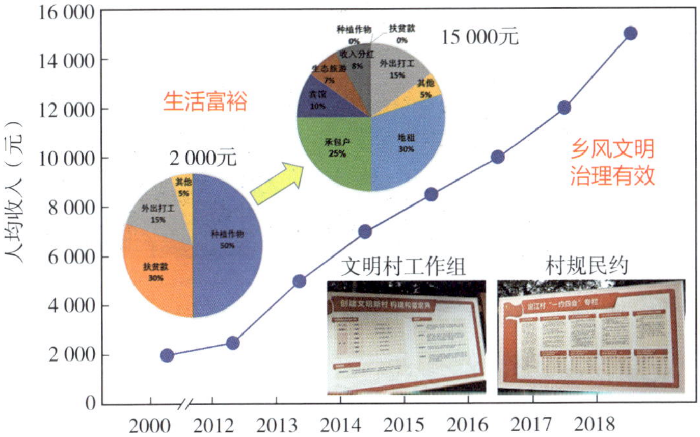

取得成效：

1. 金穗模式成为广西耀眼的一张名片。金穗公司依托广西农业科学院的人才、技术力量，通过技术入股、技术承包等形式，共带动隆安县 24 家联盟企业、13 个家庭农场和 226 家种植大户发展香蕉种植，面积达 10 万亩，带动周边 5 000 多户农户通过种植香蕉进入产业链共享产业收益，吸纳贫困户就业 300 多人，年销售额超 5 亿元，探索出“龙头企业 + 科研单位 + 产业联盟 + 基地 + 农户”“龙头企业 + 科研单位 + 合作社 + 农户 + 基地”等多种合作模式，形成了科研单位、龙头企业、公司、农户等利益相关群体的多赢格局，创造出适合现代农业发展的“金穗模式”，精准助力产业脱贫，形成成功可复制的样本。金穗公司从一个名不见经传的小公司发展到农业现代化的国家重点龙头企业，先后获评农业部南亚热带作物名优基地、农业部香蕉产业升级示范基地、农业部首批全国香蕉标准果园创建示范基地、国家标准委第七批全国农业（香蕉）标准化示范区，“绿水江牌”和“金纳纳牌”香蕉远销全国18个省23个地市。

2. 香蕉火龙果产业蓬勃发展，扶贫带动作用显著。壮大起来的金穗公司，正不断反哺着定典屯。依托香蕉产业带动，定典屯以土地流转形式帮助企业扩产提效。目前定典全屯84户350人，共计3 500亩土地已全部租赁给公司经营，村民离土不离乡，失地不失利，还可以到公司各产业成为产业工人。当地村民既可以得到租金收入，又可以到公司打工得到工资收入，还通过乡村旅游开发，得到分红，实现一份三收。此外，金穗香蕉产品深加工产业园可直接带动2 000户农户，增加就业560人，并拉动隆安县包装、运输、服务、旅游等相关行业的发展，为周边地区农民创造大量的就业机会。农业产业化经营还间接产生近3 000多人的就业机会。目前，定典屯香蕉特色产业发展和乡村旅游齐头并进，“金穗生态园”获批四星级农家乐旅游景区，将农业产业、传统文化、美丽乡村建设与生态农业观光深度融合的“金穗模式”，使当地农民的收入从2003年的2 343元，增加到15 000元。定典屯也成为名副其实的“广西香蕉第一村”，先后获评“中国特色村”和“全国一村一品示范村”。

2. 广西玉林市兴业县大平山镇南村

指导单位：广西农业科学院生物研究所、广西农业科学院玉林分院

主导产业：粉蕉 黑皮果蔗

基本情况：南村为“十三五”贫困村，以前大多以种植水稻自给自足为主，无其他产业。全村辖 3 个自然屯，共有村民小组 17 个，农户 978 户，总人口 3 596 人；共有建档立卡贫困户 144 户，贫困人口 530 人。

主要做法：

1. 龙头企业带动，科技支撑，合作社参与，推动基地建设，发展产业。广西丰浩农业科技有限公司自 2011 年开始种植粉蕉，并与广西香蕉创新团队首席专家团队进行战略合作，在粉蕉健康种苗培育、病虫害防治、配方施肥等方面得到了技术支持。示范区改变粉蕉、果蔗的传统种植模式，创造了“3 年粉蕉 +2 年果蔗”5 年一轮回的蕉—蔗轮作创新模式，解决粉蕉、果蔗两年一换地的窘况，破解了粉蕉与果蔗的连作障碍，并形成独创的粉蕉矮化密植、粉蕉连作等五大核心技术。该公司以示范区为载体，采取“公司 + 合作社”“公司 + 农户”的方式运营，合作的农户也多是当地贫困户。贫困户以土地、资金入股分红，贫困村通过专业合作社以扶贫产业资金入股分红的方式进行种植合作运营。辐射带动兴业县 10 个乡镇及博白、福绵、贵港、南宁、崇左等地，形成了广西粉蕉与果蔗良性轮作的特色产业圈，推动玉林甚至广西的特色产业粉蕉与果蔗的高速发展。

2. 建立“产研合作平台 + 科技特派员”制度，促进产业持续发展。广西农业科学院生物研究所、玉林分院、丰浩公司与南村村民合作社建立了产研合作平台，集聚科技创新能力，提高产业科技含量，实现粉蕉、黑皮果蔗产业可持续发展。为及时帮助解决基地产业发展中遇到的各种技术问题，玉林分院还派出科技特派员长期驻扎基地，帮扶农民，促进产业持续发展。

3. 建立“股权证”制度，贫困户保本保息。基地通过“股权证”

制度，引导贫困村和贫困户资产、资金入股，并承诺保本保息（利息不低于 8%），在龙头企业的带动下，实现股金分红，走出了一条“资源变资产、资金变股金、农民变股民”的脱贫之路，推动贫困村扶贫工作从“输血”向“造血”功能转变，让每家每户有一份稳定的资产性收益。

取得成效：

1. 基地、村集体经济、贫困户均取得显著成效。通过“龙头企业＋合作社＋农户（贫困户）”的模式，贫困户通过土地流转和务工收益，并享受固定分红等形式达到脱贫致富。村民合作社以扶贫产业资金入股，以分红的方式提升村集体经济收入。而龙头企业通过吸收贫困村和贫困户的资金土地，进一步扩大种植规模。2017—2019 年，每年共为 400 多户农户分红 136 万元，平均每户获利 3 500 元。南村也于 2017 年实现了脱贫出列目标。

2. 打造了粉蕉＋果蔗的产业示范典型。以南村为核心区，打造了两个现代特色农业示范区——“兴业县蕉海蔗林现代特色农业核心示范区”（自治区四星级）和“兴业县粉蕉产业示范区”（县级），成为广西粉蕉与果蔗标准化种植、蕉蔗轮作创新模式的示范典型。

3. 广西柳州市融水县香粉乡古都村

指导单位：广西农业科学院微生物研究所、广西农业科学院柳州分院

主导产业：食用菌

基本情况：香粉乡位于柳州市融水县中部，地处广西第三高峰元宝山南麓，距融水县城 33 千米。全乡有 3 523 户，总人口 13 198 人。其中，贫困户 1 212 户，贫困人口 4 508 人。古都村属于较为贫困的地区，主要以生产竹子为主，种植水稻，家庭经济来源有限。2015 年以前，古都村只有少量几户种植食用菌，食用菌专业合作社只有 1 个，栽培品种主要是香菇和平菇，每年生产食用菌菌棒约 20 万棒，总产值在 200 万元以内。如今通过建设“竹韵荪香生态特色产业示范区”，每年为该村提供 100 多个就业岗位，带动 65 户贫困户 168 人受益，2017 年实现脱贫。

主要做法：

1. 发挥资源优势，精准定位产业的发展方向。香粉乡资源丰富，全乡拥有丰产毛竹林 3.3 万亩，素有“毛竹之乡”的美称，竹子产业已经成为香粉乡的当家产业。广西融水县永富生态农业有限公司与广西农业科学院微生物研究所合作，针对竹子产业副产物丰富的特点发展林下经济，攻关竹林下套种竹荪、毛木耳、灵芝等食用菌立体栽培模式，引进林下轮作食用菌品种，筛选出“古优一号”长裙竹荪、木耳 42、193、781、香菇 60、808 等品种，并总结出各品种的林下栽培、大田栽培和棚内栽培的多元化管理模式。

2. 强化科技支撑，努力提高从业人员的技术水平。广西农业科学院积极探索科企合作模式，实施了“百千万”行动、“百名专家服务现代特色农业（核心）示范区企业行动”，全方位为永富公司出谋划策，为种植户提供手把手的技术指导，并带贫困户到发达地区食用菌生产企业和合作社进行跟班学习，免费发放了《竹荪高产栽培技术》《毛木耳袋料栽培技术手册》等技术资料，培养了一批食用菌技术骨干、种植能手。

3. 以特色示范带动产业发展。作为永富公司的技术依托单位，在香粉乡古都村建成融水县竹韵荪香生态特色产业示范区。该示范区占地 2 500 亩，林下栽培竹荪 600 万平方米，林下栽培食用菌展示区 100 万平方米，由企业统一集中生产制作菌棒、统一技术培训指导、统一栽培标准、统一产品质量标准、签订保底价进行统一收购，降低了贫困户的生产风险，增强了农户参与食用菌种植的信心，并将其打造成集培育—生产—加工—物流—销售—科教培训—森林康养—乡村旅游为一体的特色示范区。到 2019 年年底，示范区辐射带动香粉乡的竹荪、毛木耳栽培达到 1 500 亩，并且吸纳了大批贫困户到示范区务工，拓宽了就业渠道。

4. 打造精品品牌，紧跟市场的需求步伐。永富公司开启品牌战略，注册和打造了“陈笙”品牌的有机竹荪，产品通过进商场、入超市、注册电商，积极构建线上线下销售网络。同时抓住柳州市螺蛳粉产业的发展需求，及时调整栽培品种，大力发展螺蛳粉产业的配套原料毛木耳，建成了毛木耳产业示范区，为提供安全优质的螺蛳粉配套原料打下了坚实的基础。

取得成效：

1. 助推产业精准脱贫。永富公司采取“一依托、一保底、三免费、五统一”的生产经营模式，免费提供菌种（棒）和竹荪培养料、实施土地流转、入股分红、订单农业、农旅结合等方式和手段，发展竹荪等食用菌生态特色产业，实现特色产业精准脱贫。在古都村大盘屯竹荪特色产业示范区的示范带动下，全县 6 个乡镇、7 家企业（合作社）、12 个行政村 513 户 1 530 人加入食用菌产业，其中 5 个贫困村 285 户，共 855 名贫困人口通过积极发展林下栽培食用菌，产值达 5 200 万元。该示范区也成了当地乡村旅游的热门景点，累计接待游客超 50 万人次，旅游总收入超 1 500 万元。香粉乡因此入选全国 298 个农业产业强镇建设名单。

2. 技术服务效益显著。科技人员通过对竹荪、灵芝、木耳、茶树菇、香菇等新品种种植示范及新技术、新模式的引进、消化、应用和展示，技术服务效益明显。当前，香粉乡的竹荪产量达 57 吨，产值达 1 140 多万元，其销量占全国竹荪市场总销量的 5%，经济效益、生态效益与社会效益显著。

3. 规章制度完善规范，基础设施建设得到加强。专家团队通过制定完善"接种室工作规程""菌种质量检查方法规定""食用菌无菌接种操作要点"等 8 项规章制度，使生产更加规范化、专业化，降低了污染率，提高了成品率。同时加大资金投入，进行良种繁育基地、展示区等建设，建成菌种室 2.5 万平方米，培菌大棚 42 座，产品展示区及扶贫超市 200 平方米。500 平方米的康养休闲体验楼和 150 平方米竹木结构的食用菌展示馆，与周围的竹海融为一体，相得益彰。竹韵荪香生态特色产业示范区已初步打造成为集科技创新、休闲观光旅游为一体的田园综合体。

4. 广西桂林市平乐县

指导单位：广西农业科学院生物技术研究所

主导产业：淀粉马蹄

基本情况：平乐县位于广西东北部，桂林市东南部，总面积 1 919.34 平方千米，辖 6 镇 4 乡，总人口 46 万，居住着汉、瑶、壮、回等 13 个民族。平乐县是传统的农业大县、劳务输出大县，是经济较落后区域，青壮劳动力大多选择南下广东务工，农业产业以柑橘、西瓜、茶叶和淀粉马蹄等产业为主。其中淀粉马蹄年种植 1.5 万亩左右，涉及平乐县各个乡镇 8 000 余农户。

主要做法：

1. 研发新品种，建立成果转化基地。多年来，广西农业科学院生物所与平乐县马蹄种植加工企业平乐宏源农业发展有限公司在淀粉马蹄的品种培育上开展了密切合作，共同培育了淀粉马蹄新品种“桂粉蹄 1 号”，使淀粉马蹄产量和品质得到了提高。同时通过科技成果转化，在平乐县建设“桂粉蹄 1 号”种植基地，推广种植淀粉马蹄新品种。通过多年努力，现平乐县每年种植“桂粉蹄 1 号”1.5 万亩，在田间管理、采收和加工等过程中，每年带动 8 000 户农户参与其中，其中贫困户 2 000 余户，带动效果显著。

2. 做好品种选育，提高产业效益。由于马蹄的特殊性，多年种植品种退化和疫病等影响马蹄产量、品质和种植效益，因此广西农业科学院生物研究所通过对马蹄品种的继续选育、脱毒组培育苗等方式供苗给企业组织种植，提高品种的抗病性，避免了马蹄种性退化造成的产量低、病虫害防治成本增加的问题，保持品种的品质，促进了产业的发展。

3. 吸引扶贫资金，助力产业发展和扶贫双赢。2017 年起，在平乐县 15 个贫困村投入近 1 000 万元的贫困扶助资金，入股平乐宏源农业发展有限公司，用于发展淀粉马蹄种植与加工产业，公司每年分红近 100 万元给相关贫困村助力村集体经济，以帮助贫困农户增收脱贫。

4. 在贫困村建立粉马蹄生产基地，帮扶贫困农户就业，助力脱贫工作。广西农业科学院生物研究所提供技术及田间指导，使贫困户掌握马蹄种植技能；平乐宏源公司通过“龙头企业 + 产业 + 基地 + 贫困户”模式，与贫困户签订保底价收购马蹄，免费为贫困户提供种苗、农资等，解决了贫困户资金问题，共带动 6 000 多农户参与产业建设，其中贫困农户 1 000 多户。

取得成效：

1. 成果转化，经济成效显著。“桂粉蹄 1 号”新品种经过多年的推广，现平乐县每年种植 1.5 万亩，年产量 3 万吨，产值 9 000 万元。平乐宏源公司通过科企合作，积极推进科技成果转化，提升核心竞争力，迅速成长为广西农业产业化龙头企业。

2. 带动就业，促进增收。淀粉马蹄在种植及挖收过程中需要大量的人力，为社会提供了 5 000 个以上的就业岗位，促进农户和贫困农户就业增收。

3. 带动贫困村参与，促进脱贫。贫困村集体经济入股产业发展，该项目每年为相关贫困村增收近 100 万元，共涉及贫困户 1 042 户，3 559 人。

5. 广西河池市南丹县六寨镇龙马村

指导单位：广西农业科学院花卉研究所、南丹县农业科学研究所

主导产业：茶叶

基本情况：南丹县六寨镇龙马村早在 20 世纪 30 年代就有种植茶叶的历史。因茶叶基地位于海拔 800 米以上的高山之中，常年云雾缭绕，终年雨量充沛，气候温和，土壤肥沃，富含硒等微量元素，又远离城镇和工业污染区，所产茶叶品质优良，产品畅销区内外。目前，六龙茶种植面积 3 820 亩，获得绿色食品认证 3 520 亩，从事茶叶种植农户 300 户，其中，有 15 户为建档立卡贫困户。

主要做法：

1. 因地制宜，选择适合的产业发展模式。2017 年以前，六龙茶的产业发展模式一直是“政府 + 基地 + 农户 + 工厂 + 能人”。2018 年后，六寨镇人民政府大胆改革，将属于六寨镇政府权属的六龙茶园基地整体承包给河池市六龙茶业有限责任公司，形成了“公司 + 合作社 + 基地 + 农户 + 科技”的产业发展模式。六龙茶业公司也因此成为集生产、加工、销售及以

茶文化传播于一体的三产融合型企业。

2. 采取“五统一”生产、加工和经营方式，着力创建六龙茶品牌。在六龙茶生产、加工和经营过程中，河池市六龙茶业公司主要采取统一管护、统一收购、统一加工、统一品牌、统一销售的“五统一”方式，辐射带动周边农户发展茶叶种植。“六龙茶”品牌建设得到快速发展。

3. 强化科技支撑，着力提高茶叶产量和质量。三年来，在广西农业科学院花卉研究所和南丹县农业科学研究所技术人员的指导下，河池市六龙茶业公司积极配合，开创性地开展了六龙茶低产茶园改造和高产栽培示范。通过持续不断的努力，六龙茶叶单位面积产量和内在品质都得到了极大的提高。

4. 通过产业发展，带动当地农民致富，特别是建档立卡贫困户脱贫致富。六龙茶业公司主要通过以下方式带动当地农民脱贫致富：一是通过流转土地促进农民增收；二是通过保价收购茶叶原料实现农民稳定增收；三是通过生产、加工和销售等全过程的聘用务工增加收入；四是通过开展专业知识培训，改变农户落后观念，达到“扶志、扶智”的扶贫效果。

取得成效：

1. 老基地，新面貌，茶叶单位面积产量大幅提高，经济效益显著。以 2019 年为例：基地年产鲜茶叶 758.6 千克 / 亩，平均亩产值 11 863 元，比未改造区茶叶增产 247.7 千克 / 亩，增加产值 3 873 元 / 亩，产量增幅 44.2%，产值增幅 32.6%。2019 年低产茶园改造及高产栽培技术在六龙茶基地推广面积 800 多亩。

2. 产业发展促进当地农民增收，带动贫困户脱贫致富。六龙茶业公司从 2004 年至 2019 年累计解决就业务工人超过 6 万人次以上，支付劳务工资 600 多万元，茶农年人均纯收入由 2004 年的

2 000 元增长到 2019 年的 10 200 多元，脱贫户增收效果显著。

3.“六龙茶”品牌建设得到加强。通过近几年来的艰苦努力，六龙茶先后获得广西著名商标、国家级绿色食品 A 级认证、富硒农产品认证、香港 STC 优质认证，“六龙茶制作技艺”被列入河池市非物质文化遗产保护名录，2019 年入选广西农业产品品牌目录，六龙茶品牌公信力不断提升。

6. 广西桂林市全州县才湾镇七星村

指导单位：广西农业科学院水稻研究所

主导产业：富硒稻 + 禾花鱼

基本情况：全州县历来是桂林市的产粮大县，素有“桂北粮仓”之称。水稻是主粮，还有许多杂粮，如玉米、高粱、红薯等，物产丰富。但随着时代的进步，产粮大县的农业形式单一，无其他产业配套，因此效益就成了全州“三农”的最大问题。七星村也是一样，绝大部分中青年劳动力外出打工，劳务收入是他们的主要经济来源。2016 年在七星村成立了桂林市全州县绿森生态农业有限公司，是七星村部分村民流转土地建立起来的中等规模农场。七星村委有 4 个自然村，基地四周环山，全州著名的景点——天湖水库和红军长征湘江战役纪念馆都在 1 个小时交通圈以内。

主要做法：

1. 与时俱进，建立规模基地。土地流转是促进农业规模化、集约化经营、降低农业生产成本，促进农民增收的必然选择。七星村部分村民大胆探索、锐意创新，集中流转土地 400 亩，成立了绿森生态农业有限公司发展高效农业和生态旅游业。

2. 打造企业品牌，创新生产模式。绿森生态农业有限公司利用自身所处的特殊地理位置，依托附近旅游资源以及本县传统特产名优品

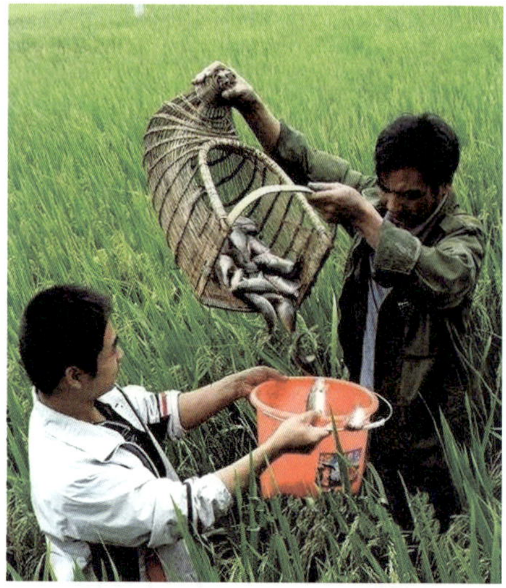

牌，如禾花鱼，用2～3年打造了自己的品牌——“桂全”牌大米和“禾花”牌禾花鱼。在明确发展方向和产品定位的基础上，以种植富硒优质稻谷和养殖禾花鱼，创新稻渔生态共作“立体种养模式”，每块田开挖一条深沟作为鱼的特供场所，沟上可以搭建种菜框架，这样就可以达到：一田多用，一水多效，一季多收，一业多益”的立体综合目标。

3. 科技助力种养技术，提质增效。绿淼生态农业有限公司种养基地除了配备有经验、有技术的管理人员外，还享受到国家科技扶贫政策支持。来自广西农业科学院水稻研究所和广西水产研究院的两名专业科技人员作科技特派员全程参与基地的稻鱼种养。特别是在适宜品种和技术的精准支持下，基地省工、省肥、省药，效益显著提升。

取得成效：

1. 稻鱼套养新模式产生巨大经济效益。水稻所新品种“万太优3158”种植了10亩“一季中稻”示范田，10月中旬收割，取得了1 200斤/亩的产量，配以富硒的亮点，其销售价格为6元/千克，产禾花鱼75千克，平均价格为50元/千克，产值7 350元，亩利润达4 000元。

2. 有效带动了百姓增收致富。基地种养取得了成功，100多土地流转户除了取得800元/亩的流转费，公司在基地还安排了10名固定工。同时，在农忙时节聘用大量零工，给七星村的留守村民增加了更多家门口的就业机会。

7. 广西南宁市西乡塘区秀山村

指导单位：广西农业科学院蔬菜研究所

主导产业：番茄、甘蓝

基本情况：秀山村有 5 个自然坡，16 个村民小组，共 692 户 2 764 人，其中贫困人口 280 人，村党支部党员 49 名。全村耕地面积 6 645 亩，其中水田 1 220 亩。秀山村为自治区级贫困村，村道路、水利等基础设施薄弱，村民观念保守落后，种植产业单一，生产发展落后。农民主要以种养殖业为主，种植的农作物主要有水果、瓜菜、木薯和甘蔗等。自脱贫攻坚全面启动以来，各级党委政府深入推进精准脱贫工作，吸引了一批农业龙头企业，成立了合作社，通过“公司 + 农户”模式大力发展种养业，村民脱贫致富信心满满。

主要做法：

1. 摸清产业基础，建立扶贫工作机制。深入贫困村摸清当地产业情况，针对重点产业选准方向，将产业发展与脱贫攻坚有机结合，探索建立扶贫工作长效机制。根据调查结果，选定果蔬集约化育苗、设施农业和订单农业等产业作为该村的重点发展方向。同时充分发挥致富带头人的作用，帮扶并鼓励秀山村果蔬种植的致富能人，带领贫困户做好产业扶贫。

2. 借助选派单位科研优势，为当地搭建引智平台。贫困村特派员所在单位与秀山村起源蔬菜专业合作社签订了合作意向书，成立南宁市西乡塘区科企联合工作站，旨在秀山村建立自治区级科研单位的合作研究试验示范基地，以便于引进新品种，推广新技术，不断寻求适宜秀山村产业发展的经济项目。同时，引进方智远院士团队科研成果在秀山村建立核心示范基地。

3. 根据产业发展需求，多渠道助农增收致富。在科技特派员指导下，2016 年引进“希望”甘蓝种植面积 550 亩，亩纯利润 4 400 元，直接带动 35 户贫困户增收达 77 万元，扶贫成效显著。2017 年“希望”甘蓝种植面积达到 860 亩，其中贫困户 530 亩。2017 年引进中国农科院选育的“中甘

21”甘蓝，该品种生长周期仅为 60 天，深受消费者喜爱，建立核心示范基地 100 亩，其中带动贫困户 32 亩，得到方智远院士团队的关心和技术支持。同时，由科技特派员选派单位作为技术支持，协助当地致富带头人在秀山村成立南宁市富桂源农业科技有限责任公司，开展现代农业产业技术转化工作，为当地引进先进农业技术，带动当地剩余劳动力就业。针对秀山村农产品销售问题，帮助引进了广西康食农业发展有限公司、广西现代立新农业科技有限公司等公司，在当地开展高档农产品的订单农业，形成“产品种植 + 科技服务 + 商品销售”为一体的农业产业发展服务联盟，结合扶贫攻坚，打造秀山村农业产业品牌。

4. 拓展贫困户的视野，积极开展科技培训。由科技特派员为主，通过开办生产技术培训班、田间现场培训等方式，提升当地种植户对现代农业的认知，加快推进当地蔬菜产业高效发展。同时，技能培训作为扶贫开发与招商引资的对接点，选派输送贫困村富余劳动力到企业参加技能培训，提升农民专业技术水平。

取得成效：

1. 选对了主打品种，提升了产品竞争力。秀山村原来有种植蔬菜的习惯，但没有主打品种，蔬菜种类多、杂，产品一般只销售本地，效益上不去。在科技特派员的帮助下，为秀山村选定番茄、甘蓝为主栽品种，建立 100 亩试验示范基地，还多渠道争取 186 万元的产业发展资金支持，用于蔬菜育苗大棚、水肥一体化等建设。产业结构得到优化，竞争力明显上升。

2. 基地面积不断扩大，扶贫带动作用显著。2016年推广番茄和甘蓝种植为550亩，2017年种植860亩，其中贫困户530亩，平均亩利润4 400元，两年来直接带动贫困户35户，增收达77万元，扶贫成效显著。

8. 广西南宁市横县那阳镇上茶村、校椅镇畓汶村

指导单位：广西农业科学院花卉研究所

主导产业：茉莉花

基本情况：横县校椅镇畓汶村，主要从事农业种植业为主，有几十年的茉莉花种植历史，土地集中连片、交通便捷，但农作物品种单一且缺乏市场，农业生产“靠天吃饭”，多数农户属零散种植，且缺乏现代化栽培管理技术，茉莉花产品质量参差不齐、经济收益不高等是制约当地贫困村产业发展的主要难题。

那阳镇上茶村属西津库区移民村。现有人口1 688人，350户，辖11个村民小组，耕地900亩，其中水田570亩。农民收入来源是以种植优质水稻、茉莉花、运输及外出务工为主。2007年获自治区农业厅“新型农民科技培训示范村”称号，2009年南宁市“生态家园建设示范村”称号。

主要做法：

1. 抓住关键点，聚焦服务农业龙头企业。广西横县莉妃花圃农业科技有限公司位于横县那阳镇上茶村，公司结合横县茉莉花苗丰富资源，建立30亩茉莉花盆栽良种繁育、茉莉花盆栽反季节种植、茉莉花老桩盆景种植示范园基地。花卉所把部分研究的新品种、新技术投放到公司，助力企业发展，再由企业辐射周边乡镇、贫困村。该企业被横县政府授予“扶贫车间”荣誉称号。

2. 资源整合，盘活土地集中经营。依托品种资源及技术优势，企业发展壮大，2019年流转校椅镇畓汶村农户土地50亩用于集中经营，建设现

代化农业大棚 2900 平方米、露天培育场 20 亩、生产用水用电及水肥设施等。在 50 亩土地中，替汶村共有 12 户村民通过流转土地，2019 年共获得流转租金 20 520 元。

3. 培育内生动力，大力吸纳农户就业。广西横县莉妃花圃农业科技有限公司在校椅镇替汶村建设茉莉花盆栽示范园，通过带动包括替汶村 78 户贫困户在内的周边农户入园务工，平均每天 30 人，增加贫困户收入，同时通过回收农户的茉莉花枝、发动农户自发插枝并回收的方式带动周边农户实现增收。

取得成效：

1. 示范园自身得到发展，同时带动周边百姓脱贫致富。项目实施点的农户从流转土地中得到了实惠，还通过实施该项目使替汶村 78 户贫困户得到了扶贫分红，带动了 5 户贫困户和 8 户一般农户在园区就业。

2. 村集体经济得到发展壮大。示范园的发展坚持以产业促脱贫、巩固脱贫成效为宗旨，全方位帮助替汶村贫困群众脱贫致富，带动替汶村集体经济发展壮大。

3. 引进电商平台，产品供不应求。示范园以培育种植、插枝、茉莉花盆栽为主，自 2020 年 1 月正式引进电商销售平台，使用"直播"、拼多多、淘宝等多渠道销售模式，销量大大提升。

4. 在科技帮扶下，村民对脱贫致富充满信心。 楷汶村村民合作社将争取上级项目和资金的支持，加大示范园“入股分红”的比例，继续完善培养技术及销售途径，加大培育规模，把示范园建设成为一个带动贫困户脱贫致富、贫困村产业化发展、村集体经济收入持续增长的扶贫产业典型示范园，为贫困户村产业扶贫事业开拓更美好的未来。

9. 广西百色市隆林县天生桥镇风仁村、科沙村

指导单位：广西农业科学院百色分院

主导产业：玉米、芭蕉芋

基本情况：天生桥镇风仁村、科沙村与贵州接壤，海拔 700 ～ 800 米，典型的喀斯特地貌，水资源缺乏，经济以种植玉米为主，兼种番薯、大豆等经济作物为主，一些村民一直都有利用边沟、荒地等闲置地栽种芭蕉芋的习惯。瀚龙农民合作社主要吸收当地农民开展养殖驯化野猪、养殖菜牛，帮助贫困村农民脱贫致富。风仁村和科沙村已实现水泥公路直通村部，交通便利。天生桥镇科沙村 15 个生产队，人口 1 701 人，耕地 3 806 亩，2017 年建档立卡贫困户 177 户 713 人；风仁村 19 个队，人口 1 996 人，耕地 1 230 亩，2017 年建档立卡贫困户 83 户 415 人。村里的青壮年几乎都外出务工，务工收入成为村民最大的收入来源。

主要做法：

1. 整合资源，因地制宜调整种植模式，推动种养结合。 因当地农户有种植玉米和芭蕉芋的习惯，合作社以养殖为主，为解决芭蕉芋生育期长与粮食争地的矛盾，发展复合种植模式，同时推进当地种养结合。2017 年广西玉米创新团队百色综合试验站充分整合各项优势资源，与广西农业科学院经济作物研究所、广西田阳煦日农业科技发展有限公司、田阳县德祥旱藕种植农民专业合作社、隆林县农业局及隆林县瀚龙合作社，采用科研院（所）+ 公司 + 合作社 + 农业主管部门 + 农户合作共建的模式，合作共建玉

米和芭蕉芋复合种植高效栽培技术示范基地。

2. 加大新品种、新技术、新模式的推广应用力度，推动产业升级和结构优化。引进广西农业科学院经济作物研究所培育的芭蕉芋新品种“桂兴芋3号”，示范种植30亩，以玉米芭蕉芋复合种植模式开展工作，利用两种作物在生长过程中的时空差，形成多种作物、多层次、多时序的立体交叉种植结构，最大限度地利用了肥水，节约了成本和人工，复合种植效果良好。

3. 突出产业扶贫帮扶任务，强化科技指导服务。2017年为当地农户免费发放芭蕉芋9吨，发放扶贫经费3 000元，开展玉米芭蕉芋复合种植技术指导会共2期，培训当地贫困户30户共80人，有效提高了当地贫困户依靠科技实现脱贫致富的能力。

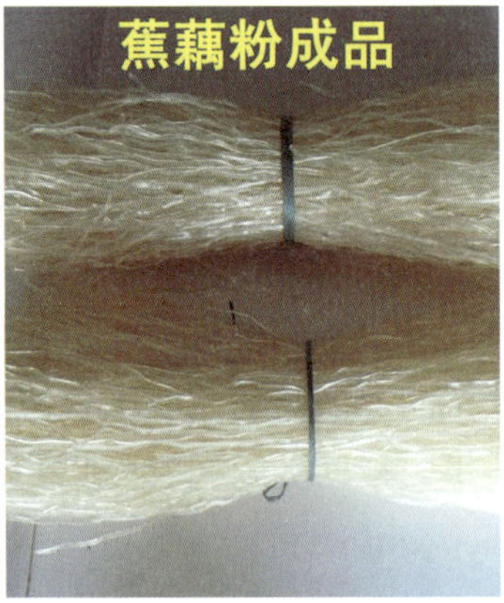

取得成效：

1. 探索玉米和芭蕉芋复合种植新模式，取得良好经济效益。新模式能有效提高有限土地资源的产出效率，辐射力强。经田间测产，玉米实际折干亩产267.6千克，芭蕉芋鲜亩产5 678.4千克，玉米芭蕉芋复合种植亩总产值达4 112.59元。该模式除了能保障粮食生产外，还能增收芭蕉芋，按700元/吨的售价计算，可辐射带动两村周边面积500亩，预估新增产值达178万元。

2. 芭蕉芋产业初具规模，引进加工企业，提高产品附加值。在兴义市马岭镇、田林田州镇已建有芭蕉芋大型加工厂，大量收购周边的芭蕉芋块进行加工，产品市场前景良好，是当地农民增收致富的另一产业。

10. 广西崇左市龙州县水口镇罗回村

指导单位：广西农业科学院南亚热带农业科学研究所

主导产业：甘蔗、麻鸭、蔗—鸭生态种养

基本情况：罗回村位于龙州县水口镇的东南部，距镇政府所在地7千米，全村24个自然屯，1 094户，3 861人，其中建档立卡贫困户365户，1 356人，贫困户率33.36%，贫困人口率35.12%，是水口镇“十三五”贫困村之一。全村土地面积6 421亩，水田2 821亩，旱地3 600亩，主要以糖料蔗、黑皮果蔗、青菜种植为主。

主要做法：

1. 立足传统支柱产业，引种示范甘蔗优新品种。罗回村主要支柱产业为原料蔗、黑皮果蔗。全村糖料蔗3 700亩，涉及310户贫困户，原多以“粤糖94-128”“台糖98-0432”等低糖品种为主，通过科技特派员实地考察，主要利用好当地气候优势，普及果蔗种植培训新技术、新信息，做足黑皮果蔗早上市文章，促进良蔗优价，提升蔗农收入。同时相继引进推广甘蔗优新品种（系）“桂糖58号”“桂糖46号”“桂糖42号”等，提供免费供种和试验示范。通过就近实地观摩，效果立竿见影，农户纷纷跟进购种推广种植。全村黑皮果蔗2 300亩，涉及110户贫困户，对贫困户脱贫摘帽产生了实质性的推动作用。

2. 引进公司，成立村级合作社，发展麻鸭生态养殖特色产业，实现订单销售。2017年，罗回村成立村级合作社，利用第一书记后盾单位及社会资源支持，确立发展麻鸭养殖特色产业。同年，引进龙州农润农业有限责任公司和龙州鹏程养殖有限公司，采用“公司＋订单＋合作社＋贫困

户”经营模式，把市场前移到村内，将农产品销售风险、运输风险降到最低。村集体使用自治区公安厅专项经费和科技特派员项目经费，建成占地3 500平方米的老农家合作社养殖基地。

3. 强化科技支撑，政产学研共融共建。罗回村之前对养殖麻鸭尚不熟悉，而规模化养殖对技术要求很高。一是通过公司引进麻鸭现代化大棚旱养技术，发展壮大蛋肉鸭产业；二是依托科技特派员项目研究和建设优势，进一步完善罗回村科技服务平台硬件条件，提升扶贫产业科技发展水平，促进村级与科技特派员以及镇、县的项目建设和产业信息对接，有效推动罗回村甘蔗种植、麻鸭养殖扶贫产业的发展；三是开展产学研实践活动，试点“蔗—鸭共作”生态种养模式，实现“一地两用、一蔗多鸭”，促进了农民增收与蔗地生态系统的良性循环，已经联合申报发明专利1项，并就甘蔗间、套、养方面开展政产学研合作，对相关技术难点、重点进行科技攻关。

取得成效：

1. 麻鸭养殖基地建设经济、社会效益显著。经过多级联建，罗回村贫困村科技特派员科技服务产业示范基地初见成效。2019年，基地发展到220亩，存栏麻鸭18万羽，仅产蛋这一项年产值就可达1 095万元。

2. 就近务工机会增加，贫困发生率降低，群众满意度提高。一是积极整合村集体土地资源，将村里闲置的石漠化土地和闲置土地充分利用起来，租赁给公司进行肉蛋鸭养殖，每年可获得土地租金11万元，并形成

麻鸭养殖特色产业。二是麻鸭养殖特色产业带动就近务工。其中公司基地生产车间提供 40 个工作岗位，优先录用贫困户入厂务工，目前有 40 户 81 人通过家门口就业，实现增收脱贫。村民合作社吸纳收入不达标 3 户贫困户入社务工，增加收入，2019 年合作社带动 7 名贫困户脱贫，发放务工工资 7.2 万元。三是村民合作社采用集中寄养模式养殖麻鸭，村干部分片入户动员，将本村生活最困难的贫困户纳入村民合作社，按股分红。2019 年，共吸纳 156 户贫困户入社集中寄养麻鸭，股份分红 3.7 万元。罗回村贫困率从 33.36% 下降至 0.64%。四是关爱困难群众，热心公益事业。村民合作社成员开会并经集体同意，让村里因病致贫的 3 户贫困户，每个星期到合作社领取 2 斤鸭蛋作为营养品。

3. 麻鸭养殖产业辐射周边，带动性强。麻鸭养殖作为“短、平、快”扶贫项目，投资少，见效快，很受农户、政府的青睐。2019 年，已在龙州县水口镇、下冻镇、响水镇、彬桥乡、上金乡发展肉鸭养殖产业，采取“公司 + 基地 + 合作社 + 农户”的组织形式，着力打造“以企业为龙头，以家庭农场为基础，以农民专业合作社为纽带”的全产业链联合发展模式，积极与市场对接，实现订单式和需求式的产业发展。通过养殖小区或集中寄养的基地式产业模式，实现统一经营模式，集中生产、统一管理、统一分配、统一销售，取长补短、分工合作和相互融合，解决各主体单独经营存在的诸多困难。罗回村近年来先后荣获崇左市“五星级党组织”“财政部 / 中国科协基层科普示范村”“四星级广西禽畜现代生态养殖场”等称号。

11. 广西贵港市港北区奇石乡六马村

指导单位：广西农业科学院经济作物研究所

主导产业：粉葛

基本情况：广西贵港市港北区奇石乡六马村是深度贫困村，村委位于奇石乡政府西北 10 千米，距离贵港市城区 43.5 千米。全村辖 8 个自然屯，14 个村民小组，共有农户 584 户，村民 2 363 人，其中建档立卡贫困户 189 户 782 人。六马村地形貌似簸箕，居住分散，从最近的村屯到最远的村屯长约 10 千米，东西跨度 5 千米，总耕地面积 569 亩。农民收入主要是靠外出务工或在家打理桉树及种养一些粮食作物、禽畜。

主要做法：

1. 企业（合作社）+ 基地 + 农（贫困）户”和“统一种苗、统一技术、统一销售”模式。自 2018 年以来，六马村积极探索脱贫攻坚新路子，大力发展农业产业，成功引进贵港市华宇葛业有限公司、贵港市神农药业有限公司以及广西阳夏生态农业有限公司，吸收本村本地荣创种养专业合作社，采用“企业（合作社）+ 基地 + 农（贫困）户”和“统一种苗，统一技术，统一销售”的模式开展种植和经营优质葛根。截至目前已投资 50 多万元，种植面积 100 多亩，主要分布在六炉屯、大处屯和马古屯。基地

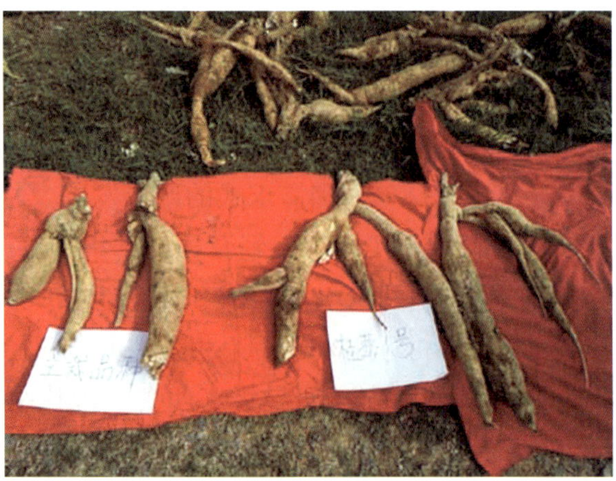

吸纳了贫困户 38 户，通过土地流转、贫困户种植、劳务收入等方式增加贫困户的收入。

2. 依托脱贫攻坚“薯芋产业科技服务团”引进示范优良新品种。依托脱贫攻坚“薯芋产业科技服务团”引进示范优良新品种“桂粉葛 1 号”，调整后的品种抗病能力更强、产量更高，种出来的粉葛纤维更少，质量更好，尤其适合深加工，种植效益大大提升。

取得成效：

1. 粉葛产业扶贫效果明显，助力山区农民走上致富的道路。葛为高产量作物，每亩可产 4 000 ～ 5 000 千克，除去成本，种葛收益约为 7 764 元，已帮助六马村 102 户 435 人实现脱贫。

2. 创新扶贫方式，让贫困户放心选择致富产业。“统一种苗、统一技术、统一销售”的模式，由合作企业自主育苗，免费给贫困户提供种苗，按照 0.3 元 1 棵近乎免费的价格给一般农户提供种苗，种植期间由专业技术人员提供技术支持，采收后由企业按照 3 元 / 千克的价格统一收购，真正地帮助种植户们实现效益的最大化，让他们放心选择致富产业。

四、“科技 + 党支部 + 农户”党建带动模式

以党支部联建为重点，以“党建 +”为载体，坚持党旗引领和参与式扶贫相结合，以党建为引领，以科技为纽带，以扶贫为目的，通过持续开展“支部联村企、科技兴产业”“支部联村企、科技旺产业”“支部联村企、科技富农民”系列专题活动，实现支部领航、扶贫搭台、科技唱戏“三位一体”，为贫困村带去好思想、发展好产业、培育好队伍。该模式主要做法包括：

一是共同学习宣传贯彻党的十九大精神。深入联建的党支部和科技扶贫一线宣传、宣讲党的十九大精神，党员科技人员与贫困村党员、群众共同学习习近平总书记扶贫开发重要战略思想，进一步凝聚干群联手打赢精准脱贫攻坚战的共识，坚定贫困村农民群众脱贫致富的决心。

二是共同发展贫困村农业特色产业。在深入调研摸底联建村产业开发和资源条件的基础上，以农科院提供品种技术和资金支持、联建的贫困村党支部发动和组织、贫困户具体实施、收益归贫困户所有的方式，帮助联建的贫困村发展壮大农业特色产业，形成脱贫致富的产业支撑。

三是共同培育符合现代特色农业发展要求的高素质农民队伍。把培育符合现代特色农业发展要求的高素质农民队伍作为科技扶贫支部联建的重要内容，通过开展全覆盖的科技培训，帮助农民群众至少掌握 1 门以上先进适用技术，引导贫困村民“想种地”和“种好地”，在联建的贫困村形成支部联动、产业带动、农民主动的产业扶贫格局。

1. 广西河池市东兰县武篆镇东里村

指导单位：广西农业科学院葡萄与葡萄酒研究所

主导产业：葡萄

基本情况：东里村是中国早期农民运动领袖、为新中国成立作出突出贡献的百名人民英模之一韦拔群同志的故乡，也是韦拔群和邓小平同志发动群众开展土地革命，建立右江革命根据地第一个农民合作社“共耕社”的地方，是红色旅游基地、革命传统教育基地。东里村地处大石山区，以种植自给自足的玉米、水稻为主。主要劳动力如无外出务工，家庭基本没有其他经济来源。现葡萄产业园覆盖东里村群众126户530人（含建档立卡贫困户88户351人）。

主要做法：

1. 传承红色基因，以党建引领产业发展。2013年，东里村党员梁贤勇响应组织号召回乡创业，在农科院葡萄所的支持下，带动村民建起了“阳光玫瑰”葡萄示范基地，成立了阳光玫瑰葡萄种植专业合作社红渠党支部，探索形成了“科技 + 党建 + 能人 + 贫困户”的产业发展模式，即：贫困户将土地出租、流转给能人，并以扶贫产业资金入股基地建设，基地同时聘请贫困群众务工，参与生产劳动。2018年，广西农科院办公室、葡萄所党支部与东兰县武篆镇东里村党支部开展“支部联村企、科技兴产业”活动，为进一步发展壮大东里村葡萄基地提供了技术支持，并共同创建了“科技 + 党建 + 产业 + 企业 + 贫困户”的党建扶贫新模式。

2. 选准高端优质新品种，以科技支撑新产业安家落户。葡萄研究所以市场需求和产业发展需求为导向，结合当地村民的种植意愿，为东里村选择了葡萄产业作为主导产业，选择阳光玫瑰葡萄作为主栽品种。该品种集丰产稳产、抗病、耐贮运、口感极佳等优点于一身，被称为“能给葡萄产业带来福音的划时代品种”，市场需求量大、经济效益可观，但其种植技术难度大，必须有长期稳定的专业技术人员指导才能确保优产稳产。

3. 提供保姆式服务，以先进适用技术壮大产业。在此之前，东里村从未种植过葡萄，村民对葡萄种植技术一无所知。为弥补技术缺口，推进新产业发展壮大，葡萄研究所为东里村提供保姆式技术服务。一是选派技术经验丰富的党员作为特派员，定期到基地开展一对一帮扶技术指导。二是成立葡萄专家小组，及时会诊葡萄基地管理过程中出现的难点问题，提出技术处理方案。三是采用先进栽培模式——适宜地下水位高的限根栽培方式，引入慧云葡萄管家，实施智能化管理。四是向基地派驻熟练技术人员，对现场生产管理工人进行传帮带。

取得成效：

1. 产业富民增收显著。2018 年 7 月，园区 30 亩阳光玫瑰葡萄结上丰硕果实，销售收入 60 多万元，亩均产值超 2 万元。

2. 产业脱贫效果明显。全村所有建档立卡贫困户 88 户 351 人均受益，当地群众每年从中获得的土地流转费 1 000 元 / 亩。基地 2018 年创造了

3 000 多人次的务工机会，优先安排贫困群众 32 人长期就近参与务工，这 32 人年均增收 8 000 元左右，实现稳定脱贫不返贫。东里村贫困发生率从 22.9% 下降至 0.52%。

3. 村集体经济由弱变强。东里村整合上级扶贫产业资金 110 万元转化为村集体股金，入股葡萄项目，一方面推动葡萄产业的发展，另一方面为村里带来 6% 的股金分红收益，全村贫困户和村集体每年获得 6.6 万元的收入。

4. "东兰模式"成功复制。东里村先后荣获"全国旅游扶贫重点村""广西政务公开示范点""广西清洁乡村•百佳村屯"等称号。2018 年村党支部被自治区党委组织部评为五星级党组织，2019 年 6 月被河池市委评为全市先进基层党组织。"东兰模式"被成功复制到南宁、河池等地，建设阳光玫瑰产业扶贫基地 600 多亩，带动贫困户 2 600 多户近万人脱贫致富。

2. 广西南宁市隆安县雁江镇红良村

指导单位：广西农业科学院植物保护研究所

主导产业：水稻、鸭、鱼、虾、甜瓜

基本情况：红良村地属隆安县雁江镇，该村共 905 户 3 520 人，其中建档立卡贫困户 98 户共 331 人。因大部分年轻劳动力外出务工，所以农民的土地除留够种植自给自足的口粮外，大部分流转给隆安县农业龙头企业——广西隆安昌隆农业科技开发有限公司和隆安县雁江穗米香水稻种植专业合作社。昌隆公司在红良村有水稻基地 1 120 亩；水稻种植专业合作社有水稻田 1 236 亩。昌隆公司因为是常规化栽培和规模效应不高，仅靠着县里的支持勉强维持；合作社仅仅在统一种植品种、同耕同播、共防共治方面起到一些协调作用。2017 年 6 月，植保所党支部与隆安县雁江穗米香水稻种植专业合作社党支部结成联合共建党支部，植保所与广西隆安

昌隆农业科技开发有限公司签订战略合作协议，共谋产业致富路。

主要做法：

1. 科企联建共推基地产业转型升级。院植保所专家为昌隆公司和雁江合作社农民树立了以科技发展现代农业的理念，指导昌隆公司和合作社以基地为中心，以“清洁—安全—绿色”生产为导向，采取“科技＋党建＋企业＋合作社＋贫困户”的模式联合建设，即植保所提供全方位技术保障、以昌隆公司和雁江合作社的水稻基地为核心示范区，聘请贫困户和合作社社员务工参与生产劳动，从传统种植方式升级转变为“稻鸭（鱼、虾）共养”“富硒水稻栽培”等生产模式。

2. 党建引领搭建农业产业发展大平台。植保所党支部牵头共同申报南宁市重大科技项目“大面积优质水稻清洁高效生态技术应用示范”“稻垄虾优质高效生态技术研究与示范”。科技项目实施后，除开展一系列技术培训外，还为合作社社员、贫困户免费提供种子、农药及有机肥料等农资。农资发放累计价值34.33万元。在项目的杠杆作用下实现了公司长足发展和农民增收的双赢局面，极大地提高了合作社农民的生产积极性，保证了绿色水稻产业始终如一的品质和可持续发展。

3. 党员专家挖掘新兴产业拓宽群众增收路子。核心基地原有几十亩的育秧大棚，每季育完秧苗后就闲置。植保所党员专家深入研究分析，结合实际加强指导，把育秧大棚稍微改造，每年秋季插完秧后抢种一季大棚甜瓜，大棚甜瓜效益好见效快，增加了群众的收入。

4.“支部联村企”系列活动稳定提供技术保障。通过签订战略协议、支部结对共建等形式共同创建了“党建＋”的扶贫新模式。一是选派技术经验丰富的党员作为专门联络员，定期到基地开展现场技术培训和技术指导。二是组织全所科研骨干成立“支部共建服务专家小组”，为基地农业生产过程中出现的病、虫、草害等实际问题提供24小时全程服务。三是为昌隆公司、水稻合作社培训专职农技人员，指导他们对基地生产管理工人进行手把手的传帮带。

取得成效：

1. 建立了水稻绿色生产模式。 公司基地和合作社农户的 2 300 多亩水田全部按绿色标准生产，产品达到国家绿色食品大米 NY/T 419—2007 标准。获得了农业部无公害产品认证和绿色食品 A 级认证。昌隆公司“西秀山”和“那知味”两个大米品牌被评为南宁市优质品牌，并成功入选 2017 年央视“CCTV”商城优选品牌。

2. 探索推广多种共养模式，提高产值。 建设“稻鸭共作”200 亩、“稻鱼共养”100 亩、“稻虾共生”50 亩，水稻生态栽培示范基地 1 个，核心示范区 2 356 亩，年出栏稻香鸭 1 万羽、鱼 4 000 千克、虾 2 500 千克。核心基地的生态生产模式，辐射带动了周围 4 个村屯的农户，超过 3 000 名农民自发前来学习取经，为产业富民做了有益的探索。

3. 经济效益显著，大大增加了农民收入。生态种（养）产出的稻谷、鸭、鱼、虾的品质均有大幅度的提升。随着稻谷品质的提高，市场价格也得到了很好的体现：稻谷价格由原来的每千克 1.6 ～ 2.0 元，提高到每千克 3.0 ～ 3.2 元，鸭、鱼、虾等供不应求。利用闲置大棚种植的大棚甜瓜，年增收入 20 多万元。每亩新增收入约 1 100 元。

4. 公司带动，农户参与，实现整村脱贫。昌隆公司基地绿色水稻栽培管理、大棚西甜瓜生产管理用工优先雇用贫困户农民，累计发放农民工工资 51.23 万，其中贫困户增收 10 000 元左右，全部实现了脱贫和不返贫。

3. 广西河池市都安瑶族自治县保安乡安阳村

指导单位：广西农业科学院玉米研究所

主导产业：玉米

基本情况：安阳村位于保安乡西南部，距保安乡政府所在地 13 千米，地形地貌为大石山区，是典型的喀斯特地貌。全村耕地面积 2 576 亩（均为旱地），人均耕地（平台）1.07 亩。居住着瑶、壮、汉等民族，瑶族占 68%，壮族占 30%，其他民族占 2%。农业生产以种植农作物为主，主种玉米，兼种豆类、薯类等。养殖业主要发展养猪、养羊、养牛、养鸡和养鸭等。安阳村现有 33 个村民小组，2019 年为 659 户 2 547 人，其中贫困人口 287 户 1 316 人，被列为自治区“十三五”精准识别贫困村，是全县深度贫困村之一。全村设 1 个党总支部，3 个党支部，中共党员 48 名。2018 年荣获“都安瑶族自治县先进基层党组织”荣誉称号。

主要做法：

1. 基层党员干部与科技特派员共同引品种，办培训，做示范。针对当地玉米品种单一及抗性弱化，科技特派员多次给安阳村引入省心省力、产量稳定的桂单 0810、桂单 162 等优良品种。根据贫困村需求开展了“玉米高产栽培技术”“鲜食玉米栽培技术”等知识培训，发放了《西南玉米田间种植手册》《广西玉米产业科技服务实用技术》等图册，宣传新技术；村干部和农户联合建立了 30 亩玉米新品种生产示范基地，集中种植多个玉米品种来做展示观摩，以典型示范带动做强做大玉米产业。

2. 科研党支部与村党总支共同构建“党建 + 基地 + 网络 + 贫困户”带贫模式。扶贫不忘结合党建结对，玉米所党支部与安阳村党总支对接，加深院所与贫困村之间的联系，在贫困村小学开展“不忘初心·情暖童心”党支部活动。此外，依据当地早晚温差大的气候特征，开展鲜食玉米种植，获得的玉米产品品质优良。为解决销量问题，院所支部通过微信团购的形式帮助销售，产品供不应求，提高了贫困户的经济收入。

3. 优秀创新团队与种养大户共同开展种植—养殖产业模式示范。依托都安县开展的“粮改饲”政策，在农户家中开展小规模种植—养殖产业模式示范。饲喂青贮玉米的肉羊品质高于饲喂牧草的肉羊品质。通过新模式示范，以点带面扩大规模，助力粮改饲产业结构调整，成效显著。国家现代农业产业技术体系广西玉米创新团队通过筛选培育，及时发布了“桂单 162”等 8 个适应全区推广的粮饲通用和青贮专用玉米新品种，有效解决广西青贮玉米产量不高、品质不优的问题，为指导全区青贮玉米生产提供了品种，有力支撑了玉米扶贫产业的发展。

取得成效：

1. 大力开展科技培训，建立新品种新技术示范基地。三年来，共建立农业科技示范基地 6 个，引种新品种、新技术 15 个，新品种、新技术示范种植面积达500多亩，辐射带动面积约2 000亩，受益人数达1 000多人；组织开展现场培训会、观摩会5次，科普宣传5次，培训农民达800余人次，发放农业生产资料5 000余份。先后赠送玉米种子2 000多千克，化肥10吨，直接为农民提高经济效益约20万元。先后在新闻媒体上宣传报道6次，电视台上宣传报道1次，取得了良好的社会效益和经济效益。2019年帮扶贫困户脱贫271户1 265人，2020年预期脱贫16户51人。

2. 加快广西青贮玉米新品种新技术推广应用，协同推进广西扶贫产业发展。2018年以来，以广西玉米创新团队为主体与都安瑶族自治县农业农村局联合创建了位于都安高岭镇的600亩粮饲通用型玉米新品种新技术示范基地。示范基地通过开展粮饲通用型（青贮）玉米试验、示范、推广，推进品种结构调整，为都安瑶族自治县精准扶贫的"贷牛（羊）还牛（羊）"模式提供有力支撑，实现种养双赢。2019年双方又协作建立了示范区核心基地面积600亩，设试验创新展示区、粮饲通用型（青贮）玉米新品种展示区、机播机收技术集成与传统习惯种植对比示范区等3个展区。在示范基地的带动下，都安瑶族自治县的青贮玉米发展较快，全县粮改饲面积达6.2万亩，其中青贮玉米发展到3.8万亩，预计将增收1 600多万元。青贮玉米一年三收及其全程机械化生产技术的推广应用，对提高全区玉米产业效益，加快全区畜牧业的发展，助力精准扶贫具有重要意义。

4. 广西南宁市青秀区长塘镇天堂村

指导单位：广西农业科学院花卉研究所

主导产业：金花茶

基本情况：青秀区长塘镇天堂村位于南宁市青秀区中部，呼北高速公路南侧，距离市中心约50千米，交通便利。有农户300余户，总人口1 200多人，其中建档立卡贫困户43户。全村土地以林地、水田为主，主要种植水稻及蔬菜等作物，林地以种植速生桉、松树为主。2014年南宁市青秀区政府把金花茶种植打造为扶贫重点产业，积极鼓励农户种植，引进龙头企业广西源之源生态农业投资有限公司带动产业发展，在天堂村巴兰坡建成 3 500 亩的金花茶产业示范区，打造了“金花茶小镇”，带动该村生态旅游产业的发展。青秀区长塘镇天堂村支部是花卉研究所与重点实验室 2018 年结对共建党支部。

主要做法：

花卉研究所与南宁青秀区长塘镇天堂村支部结对共建党支部，充分利用与广西源之源生态农业投资有限公司产学研合作优势，把党建、企业服务与产业扶贫结合起来，以服务企业和贫困村金花茶产业为目标，以企业联合承担广西创新驱动、南宁市等各类项目为着力点，面向全区农业现代化产业发展，科企协作、联合攻关，形成了“党建 + 科研 + 企业”的科研创新模式，突破了金花茶技术瓶颈问题，加快了金花茶优质种苗与高效技术的推广与应用，打造一批富民金花茶产业。

1. 党建携手深化产学研联合。花卉研究所党支部主动对接企业，以党员科技人员为主力，以科技服务帮助企业提质增效，促进农民增收。依托科研项目，共同制定出了各类专利、标准，共同申报的专利“金花茶扦插繁育方法”获得授权，解决了金花茶种苗繁殖难、系数低、数量少、时间长等技术瓶颈问题。

2. 党员示范推广助力产业扶贫。花卉研究所充分发挥党员先锋模范作用，开展技术攻关与培训，引种优良品种，企业开展推广及培训农民。企业发展农户以土地入股，公司投入资金，并负责养护管理、产品销售的模式发展林下种植。企业优先聘用当地贫困户作为劳动力，助力脱贫攻坚。

3. 开展“支部联村企、科技旺产业”活动。花卉研究所、院重点实验室党支部充分发挥人才、品种、技术优势，多次组织党员专家深入该村开展调研指导，积极解决金花茶种植户在生产中遇到的肥水管理、病虫害杂草防治等难题，全力服务乡村振兴，助力村企金花茶产业提质增效。

取得成效：

1. 金花茶产业从无到有，从弱到强。已建成 3 500 亩的金花茶产业示范区，建成年育苗 200 万株的金花茶繁育基地，辐射带动农户种植金花茶 200 亩，企业优先聘用当地贫困户作为劳动力。目前，金花茶产业已惠及天堂村巴兰坡 100 多户农户，解决了当地就业人员 100 余名，有力带动当地金花茶产业发展。

2. 农民收入显著增加。种植企业根据巴兰坡山多地少、农户缺资金缺技术的情况，农户以土地入股，公司投入资金，并负责养护管理、产品销售的模式开展运营，发展林下种植，迅速扩大了产业面积。

3. 乡村面貌焕然一新。企业依托金花茶产业开展乡村休闲旅游、乡村环境治理，村容村貌不断改善，乡村发展欣欣向荣。

5. 广西桂林市兴安县严关镇建里村

指导单位：广西农业科学院葡萄与葡萄酒研究所

主导产业：葡萄

基本情况：兴安县是广西葡萄的主产区。据统计，截至 2019 年底，全县葡萄种植面积 11.2 万亩，产量 25.2 万吨，产值 13.9 亿元，已成为华南地区鲜食葡萄主要生产基地，被誉为“南方吐鲁番”。葡萄收入占全县农民人均纯收入的 33%，占贫困村农民纯收入的 78%。合作社基地位于兴安县严关镇建里村，距兴安县城 10 千米，距包茂高速严关入口仅 1.2 千米，交通十分便利。鑫鑫水果种植专业合作社依托科研院所的品种、技术，始终把品质和品牌建设做为葡萄产业出路来抓。通过品牌培育提高种植效益，带动种植农户和贫困户增收。

主要做法：

1. 创建"科研院所 + 党建 + 合作社 + 贫困户"产业扶贫模式。兴安县鑫鑫水果种植专业合作社葡萄种植基地首先由政府引导建立，并与科研院所党支部结对共建，由合作社基地建设示范带动，建立科研院所提供全程技术支撑、合作社内的农民自主经营管理、贫困户就近基地务工取酬帮扶机制。

2. 建立党员先锋示范岗工作机制。合作社的大部分社员都有种植葡萄的基础，经过多方考察选择阳光玫瑰、巨峰、夏黑、温克作为主栽品种。分别针对不同品种制定适宜的技术规程，在实践中不断加以修正，并通过建立党员先锋示范岗，以实际种植效果和经济增收，示范带动贫困户发展葡萄种植。

3. 强化专家团队对口提供技术服务。与葡萄研究所党支部开展结对共建，先后与国家葡萄技术体系南宁综合试验站、广西葡萄产业创新团队等项目组开展技术示范合作，定期组织试验站和广西创新团队专家成员到基地开展帮扶技术指导。成立专家小组，及时会诊葡萄基地管理过程中出现的难点问题，提出技术处理方案。利用合作社创始人肖卷忠多年种植葡萄的经验，对现场生产管理工人进行传帮带，确保为种植户服务到位。不定期地开展技术培训，并邀请国内知名葡萄专家到基地进行技术指导，确保技术服务及时到位。

取得成效：

1. 种植效益高，品牌效应凸显。2019 年 8 月，“肖卷忠葡萄”“阳光玫瑰”结果 50 亩，销售收入 216 万元，亩均产值超 4 万元。“肖卷忠葡萄”因为品质优而远近闻名，吸引了更多高端客户前来参观考察采购，每年前来学习考察的人员络绎不绝，据不完全统计，2019 年累计达到 3 万人次以上。

2. 带动群众脱贫致富快。合作社葡萄覆盖建里村清水村群众 25 户 140 人，其中覆盖全村所有建档立卡贫困户 53 户 212 人，当地群众每年从中获得每户 1 500 元的土地流转费，累计 7.5 万元；2019 年可创造 2 000 多人次的务工机会，支付劳务费 30 多万元。基地优先安排贫困群众 23 人长期参与务工，仅就劳务工一项，贫困户年均增收 7 000 元左右。带动 2 018 户果农发展葡萄产业，其中直接带动 486 户，辐射带动 1 532 户，2019 年合作社种葡萄园总面积 4 600 亩，采购农户葡萄和联系代销葡萄约 19 万吨。

3. 社会效益显著。在 2010—2018 年荣获全国优质葡萄评比中获 30 多项奖励，2015 年 1 月获得桂林市人民政府颁发的“桂林市农业产业化重点龙头企业”荣誉证书；2015 年经中国绿色食品发展中心审核，被认定为绿色食品 A 级产品（产品编号：LB-18-18112012120A）。2019 年合作社党支部获得自治区四星级党支部。

6. 广西南宁市马山县百龙滩镇龙昌村

指导单位：广西农业科学院植物保护研究所

主导产业：蚕桑产业

基本情况：龙昌村位于马山县百龙滩镇东北部大石山区，村委会驻地距县城 20 千米。全村辖 23 个村民小组，46 个自然屯，847 户 3 538 人。村党总支下设 3 个党支部 53 名党员。耕地面积 2 950 亩（其中含内涝地 1 400 亩，山林地 690 亩）。全村经济收入以劳务输出为主，农作物种植玉米 1 500 亩、种桑树 760 亩、退耕还林 690 亩。由于洪涝干旱频繁，素有“十年种植，九年无收”之称，老百姓的经济来源不稳定。经精准识别，贫困户（72 分以下）322 户 1 297 人，占全村人口的 36%，属一类贫困村。

主要做法：

1. 党员能人将支部建在产业基地上。龙昌村围绕“农业增产，产业增效，农民增收”的目标，积极实施种植品种结构调整。在龙昌村党支部的带领下，马山县百龙滩镇旺兴种桑养蚕专业合作社成立党小组，通过党员能人、党员骨干带动蚕桑产业示范基地发展。基地采取“科技 + 党建 + 合作社 + 能人 + 贫困户”的模式联合建设，即：党员带头、能人带动、贫困户参与，同时合作社申请扶贫产业资金投入基地建设。

2. 党员科技特派员引入优势品种。 龙昌村易涝易旱，灾害频繁。经过充分论证后选择种桑养蚕项目，2015—2016 年贫困村科技特派员引进桂桑优 12、桑特优 2 号、粤桑 11、粤桑 51 种植试验示范，同时，进行适应性、丰产性、抗性考察，最终选择桂桑优 12 作为主栽品种。该品种为桑树优良杂交品种，具有发芽能力强，群体整齐，节间较密，叶片厚大，产叶量高，叶质好及抗病、耐涝、耐旱、耐贫瘠等优良特性，在广西种植占 70%。该品种曾被习总书记作为国礼送给古巴总统，在国际上享有一定知名度。

3. 党员专家提供一流技术服务。 由于龙昌村之前从来没有种桑养蚕，技术上是一片空白，而种桑养蚕是种植与养殖相结合的交叉学科，技术要求高，因此，植保所果蔬害虫团队成员和贫困村科技特派员通过党支部结对共建形式，开展种桑养蚕技术服务。一是选派技术经验丰富的党员作为特派员，按生产季节定期到基地开展一对一帮扶技术指导。二是成立蚕桑产业专家服务小组，及时查找生产过程中出现的难点问题，提出技术处理方案。三是采用桑树高产高效栽培和简易大棚地面养蚕技术及自动化养蚕技术，实施智能化管理。四是派驻熟练技术人员，开展种桑养蚕技术培训，使蚕农每年接受课堂培训和现场田间指导两次以上，真正掌握种桑养蚕技术，达到有种有收，实现增收目标。

4. 开展“支部联村企，科技旺产业”主题活动。 通过科技特派员引入院加工所党支部与马山县百龙滩镇龙昌村党支部采取结对共建的形式，给予果叶两用桑项目建设的技术支持，指导桑果加工和贮存，共同创建“科技 + 党建 + 产业 + 合作社 + 能人 + 贫困户”党建扶贫新模式。

取得成效：

1. 蚕桑产业示范基地建设显成效。 经过蚕桑产业专家组和贫困村科技特派员三年多来的悉心指导，2019 年 11 月马山县产业扶贫专项小组验收，龙昌村蚕桑产业扶贫示范园 760 亩，辐射带动周边村屯种桑养蚕 1 000 多亩，获得蚕桑产业扶贫示范基地建设扶持资金 100 万元，种

桑养蚕产值 4 000 ～ 4 800 元 / 亩，蚕农户均增收 5 000 ～ 6 000 元 / 年。

2. 蚕桑产业辐射带动影响力巨大。覆盖全村建档立卡贫困户 170 户 685 人，当地群众每年从中获得土地流转费 500 元 / 亩，同时 2019 年创造 760 人次在家务工就业机会。发展种桑养蚕贫困户 170 户，户均年增收 5 000 ～ 6 000 元，实现脱贫和不返贫。在村集体经济方面，龙昌村整合上级产业扶贫资金 100 万元，一方面推动蚕桑产业发展，另一方面为村里带来 6% 的股金分红收益，全村贫困户和村集体收入每年获得 6 万元。龙昌村贫困发生率从 36% 下降至现在的 0.6%，荣获“全国旅游扶贫重点村”。2018 年村党支部被自治区党委组织部评为五星级党组织。

7. 广西河池市宜州区刘三姐镇拉甫村

指导单位：广西农业科学院河池分院、广西农业科学院甘蔗研究所

主导产业：糖料蔗 + 百香果 + 林下养殖

基本情况：拉甫村距宜州区刘三姐镇政府所在地 20 千米，地处滇桂黔石漠化山区，基础设施落后，是“十三五”期间深度贫困村。2015 年底贫困发生率 50.3%，建档立卡贫困户 78 户 283 人。全村耕地面积 539 亩，致贫主要原因土地资源缺乏，地块小而散，人均耕地面积不足 0.9 亩，农

民以种桑养蚕和玉米种植为主，主要经济来源以外出务工为主。

主要做法：

1. 党旗引领，助推脱贫。河池分院定点帮扶单位与村两委班子认真研究谋划，整合闲散土地，充分利用土地，把种植优良糖料蔗和黄金百香果作为村集体经济项目，流转村民土地 20.9 亩，其中甘蔗种植面积 12.4 亩，百香果种植面积 8.5 亩。河池分院提供技术指导，村两班子负责日常用工管理，日常田间管理用工主要以贫困户为主。贫困户可以土地或投资投劳作为股份入股，解决贫困户闲散劳动力就业问题。贫困户合理安排自家的农活之后，参与集体经济田间管理工作，领取报酬，增加家庭收入。

2. 党员带头，致富引路。党员与致富带头人合作开展百香果林下养鸡，依托宜州区乍飞拉农副产品经营有限责任公司平台销售，辐射带动贫困户土鸡养殖，激发其内生动力。

3. 支部结对，共解难题。“分院总支＋村支部”党建结对帮扶开展党群联谊主题活动，深入贫困群众中，了解贫困群众疾苦，关心关爱贫困群众，主动为他们解决问题，办实事。

取得成效：

1. 引进优良作物新品种，带动农民脱贫致富。经过河池分院和村两委共同努力，发展种植优良甘蔗和黄金百香增加村集体经济收入，并带动贫困户 12 户 27 人。成功建成甘蔗“双高”基地，提供高糖优质品种桂糖 44 号 87 吨，创造经济效益 22 万多元。黄金百香果基地硕果累累，吸引其他贫困村前来学习观摩，学习村集体经济发展模式。增加了村集体经济收入 8.3 万元，打破村级集体零收入，整合零星闲散土地，当地群众获得土地流转费 21 000 多元，为贫困户提供务工机会，增加收入。

2. 辐射带动周边农户发展新产业，贫困村如期脱贫摘帽。拉甫村辐射带动农户新增种植糖料蔗和百香果 50 多亩，养殖林地土鸡 5 000 多羽。2019 年拉甫村贫困发生率降至 1.72%，完成脱贫摘帽任务。

8. 广西桂林市资源县两水乡烟竹村

指导单位：广西农业科学院桂林分院

主导产业：水稻、蔬菜、种养结合循环农业

基本情况：烟竹村是广西区定极度贫困村，是一个苗寨，距离资源县两水乡政府驻地约11千米，距资源县城约40千米。村驻地海拔840米，属高海拔山区，是资源苗族山歌的发源地，五排河漂流经过村里的7个村民小组；全村共有23个村民小组439户1 525人，党员62名，贫困户258户贫困人口941人（其中建档立卡贫困户216户787人，2014年退出户22户73人，2015年退出户20户81人）。2018年底脱贫156户596人，2019年脱贫56户183人，剩下的4户8人预计2020年脱贫；有风险监测户1户5人，边缘户13户59人。全村共有水田1 333亩，旱地2 144亩，山林10 745亩。主导产业以水稻、蔬菜、种养结合循环农业为主，剩余劳动力主要通过外出务工来增加收入。

主要做法：

1. 党建引领扶贫。一是结对共建促共荣。广西农业科学院桂林分院（桂林市农业科学研究中心）党支部与资源县烟竹村党总支部结对共建，开展“支部联村企、科技兴产业”活动，推动党建工作和科研业务、扶贫工作深度融合，共建活动取得的良好成效。桂林市农业科学研究中心作为烟竹村的后盾单位，派出了一名优秀中共党员作为驻村第一书记，同时派出了科技人员19名结对帮扶19户贫困户，每年派出科技人员160人次到该村指导产业的发展。二是注重致富带头人的培养。烟竹村拥有5名致富带头人（其中3人为党员）。三是引导成立合作社。成立了2个专业合作社和1个蔬菜公司，以“党支部＋农民合作社（公司)+基地＋农户”为模式，村党总支在合作社成立党支部2个。四是大力推进住房保障工作。2018—2019年在时间紧、任务重的情况下，举全乡之力顺利完成烟竹村住房保障工作及旧房拆迁工作。

2. 科技扶贫，助推产业发展。针对烟竹村的产业发展，加上分院（中

心）的科技力量，分院（中心）每年分别派出水稻、玉米、蔬菜、水果等方面的科技人员 160 人次到该村指导贫困户和村集体经济组织进行产业的发展和技术培训，以“党支部 + 农民合作社（公司）+ 基地 + 农户”为模式，带动贫困户参与种植养殖业，发展产业品牌。

3. 积极筹措资金，改善基础设施，提升村容村貌。针对烟竹村基础建设落后、村容村貌差、交通落后，严重影响产业发展等方面的情况，一是加强对该村的村屯道路的亮化、美化、硬化，自来水建设，垃圾处理中心的建设；二是依托烟竹苗族山歌传承基地，建立民族文化活动阵地，促进烟竹苗族山歌文化的传承与发展；三是依托五排河漂流基地黄金通道的地理优势和烟竹高端农产品的产业优势，建设了烟竹村四星级的汽车营地一个，打造烟竹村传统村落，推进烟竹村民俗风情休闲旅游；四是产业基础设施的建设。通过加大对基础设施的投入，大大提升了村容村貌、助推产业健康发展。

取得成效：

1. 党建引领，助推脱贫攻坚成效显著。5 年以来，烟竹村党总支带领全村以“党支部 + 合作社（公司）+ 基地 + 农户”为模式发展产业，分别在合作社和公司成立了 2 个党支部，构建了一支以烟竹村党组织为核心，以村民小组长、村民代表为主体，烟竹各级理事会共同参与的功能健全、运转有序、服务农民的农村基层管理队伍。把曾经软弱涣散后进村党支部建设成为凝聚力、号召力、战斗力强的四星级党建示范点。到 2019 年年底，减少了贫困户 254 户，尚有 4 户未脱贫，预计 2020 年全村脱贫，贫困发生率由 2015 年年底的 48.85% 降至 2019 年年底的 0.59%。

2. 促进产业发展和增收，增强扶贫造血能力。打造了 2 个蔬菜种植基地、1 个养殖基地，有机农产品基地认证面积达 500 亩。在基地的带动下全村蔬菜种植面积达 1 100 亩，水果种植面积达 200 亩，带动养殖生态土猪 900 多头，全村养殖土鸡 9 000 羽以上，种养结合生态循环农业已初具规模，年产值超过 1 300 万元；村集体经济收入从 2015 年的 1.3 万元增长到 2019 年的超过 6 万元。此外，烟竹村成立的诚信有机蔬菜种植有限公司和两头黑种养农民专业合作社生产的蔬菜、生猪、玉米、水稻、土豆等已获有机认证，并注册了“嘿到底”“水清苗香”商标；天尚蔬菜种植合作社已申请“三品一标”，并注册了“烟竹坪”商标。在有机蔬产业的带动下，贫困户积极参与蔬菜种植和土猪土鸡养殖，大大地提高了贫困户的收入，同时，村通过把 10 万元集体资金入股天尚蔬菜合作社每年获得 0.8 万元分红。利用村集体经济资金 40 万元入股金紫山风电站每年获得 3.2 万元分红，投资 10 万元资金到广西资源县臻品生态农业有限公司建立食用菌生产基地，预计每年分红 0.8 万元，投资 30 万元到资源诚信有机蔬菜种植有限公司，预计每年分红

2.4 万元。

3. 基础设施得到很大改善，夯实产业发展的基础。先后筹资近 3 000 万元改善烟竹村基础设施，实施各类基础设施建设 31 个；建设了村级农产品集散中心和冷库，购买了 3 辆冷链车，建设大棚 120 亩；维修硬化灌水沟 15 千米，新建、硬化通电路 18.6 千米；建设一座民族文化广场，建设垃圾处理中心 1 个，建设了烟竹整村通自来水工程；实施易地扶贫搬迁安置和危房改造，帮助贫困户解决住房问题。截至目前，全部村民小组已修通硬化公路，23 个村民小组都实现了亮化。2020 年将建设扶贫技能培训中心、村民健身广场、完成入户人行路的硬化，改善和解决烟竹村基础建设落后、村容村貌差、交通落后等各方面的问题。

五、“第一书记”带动模式

在开展科技扶贫中，广西农科院向定点帮扶的兴业县6个村，优中选优先后派出了12名驻村第一书记。第一书记们从科技骨干变为扶贫战场上的一线指挥员，充分发挥党员的先锋模范作用，积极协调后盾单位进村帮扶，以“驻村”“驻心”的工作方式，用脚步丈量实情，用真情谋划产业，以辛勤汗水和农科力量带动贫困村摆脱贫困，带动贫困户共同走上小康的道路。该模式主要做法包括：

一是心中有信仰，脚下含真情，摸底调查定良方。驻村书记在开展扶贫工作中，认真做到将“扶贫工作写在大地上”，通过走村入户，访贫问需，诊断贫困村致贫病因，摸清返贫原因，理清脱贫难点，一步一个脚印，一项一件把脉，因地制宜，对症下药，绘出脱贫蓝图，确定致富方向，得出“治病良方”。

二是找准主心骨，集中力量，通过产业脱贫。驻村书记在开展扶贫工作中，将了解集体产业构成情况作为战场“开战”的重头戏，整合后盾单位科技优势，争取政府扶贫政策资金，带头谋划发展特色产业、基础产业，倡导贫困户入股分红，发展壮大集体经济，通过集体经济的带动攻克扶贫难题，为贫困村挖掘脱贫致富的内生动力、持久动力。

三是夯实基础，改善环境，辅助扶贫推动脱贫。驻村书记在开展扶贫工作中，坚持“修一条路，造一片景，富一个村”的扶贫工作思路，将完善贫困村生产生活环境作为扶贫工作的外部条件支撑，带头改善“脏乱差”，劳心劳力基础设施建设，费心费力争取资金，良好外部环境的形成，为脱贫工作的推进增添了辅助动力。

四是众筹帮扶，为民解忧，阻断代际贫困。驻村书记聚焦贫困户在“医疗、教育、住房”等方面的短板，通过争取雨露计划、金秋助学等各项教育补助政策，借助国家医疗政策、危改政策，多方发力，破除阻断贫困的各种障碍，解决影响脱贫的各种后顾之忧，引领带动扶贫脱贫。

1. 广西农科院派驻卖酒村（2016—2020 年）第一书记

黄学华：肩扛责任，扎根一线为脱贫

看到卖酒村的贫困户依靠自己的辛勤劳动，在田间地头走出了脱贫致富的道路，已经连续担任两届驻村第一书记的黄学华露出了欣慰的笑容。卖酒村位于广西玉林市兴业县卖酒镇圩内，全村 17 个村民小组，辖卖酒、大马、小马、赵村、山长、北西 6 个自然村，1 186 户，总人口 4 049 人，贫困户 158 户，贫困人口 607 人。经过两年多脱贫攻坚工作，2019 年年底整村实现摘帽脱贫。

借“势”起步，产业先行

曾经，卖酒村村民的收入来源主要靠炮筒加工、外出务工等，并没有农业支柱产业。2006 年 11 月，黄学华到卖酒村担任驻村第一书记，经过与村“两委”实地调查、讨论、研究，黄学华认为，要想让村民过上更好的生活，还得从当地实际出发，充分利用和发挥资源、科技优势，培育发展适合当地的农业主导产业，增强村民致富的内生动力，才能从解决贫困的“根源”。

说干就干，利用卖酒村土地资源较肥沃的优势，黄学华首先带领贫困户建立卖酒村生态优质稻 + 特色红薯“钱粮双增”高产高效栽培模式示范基地。上半年种植水稻，解决农户全年的“口粮”问题，减少下半年种植红薯的地下害虫的危害，减少农药的施用量，提高红薯品质和效益；下半年种植红薯，能疏松土壤，促进第二年早稻生长，实现节本增收。农时季节，黄学华积极邀请专家，组织开展技术培训、现场观摩、专家巡回指导等活动，确保技术入户到田。80 多亩的示范种植基地全年采用稻—薯水旱轮作模式每亩纯收入达 4 000 元，带动了 70 多户农户种植，其中贫困户 31 户，户均增收 2 100 多元。当中，贫困户林梅种植红薯 1.8 亩，总产量达 10 800 斤，获纯效益 10 260 元。

借助后盾单位广西农科院的科技优势，黄学华鼓励贫困户发展种植优质红灵芝。采取“科研单位 + 合作社 + 贫困户”的模式，利用广西农科院新品种、新技术的优势，免费向贫困户发放红灵芝菌袋，土地、人工、水、配套设施等费用由贫困户自筹解决，生产发动、生产活动、购销协议、销售等环节则由卖酒村的兴农果蔬专业合作社负责解决。合作社实行订单农业模式，以最底保护价收购，确保贫困户种得出来，销得出去，收益归自己，以拓展销售获取利润。当年，8 户贫困户种植 1 200 平方米红灵芝，每平方米产量达 5.1 斤，收购价格 35 元 / 斤，总产值约 21.42 万元，平均每户产值 26 775 元，平均每户获纯效益 8 850 元。

借助近年大热“电商扶贫”山东风，黄学华引导卖酒村成立专业合作社，大力发展电商扶贫，推动卖酒村产业升级。先后注册了卖酒历史渊源酒文化“马箭坡”商标特色系列酒品种 12 个，充分利用电商平台销售当地百香果、紫番薯、红灵芝、木耳、土鸡、苗木等特色农产品，吸引了一批贫困户加入合作社，产生直接或者间接经济收益近千万元，起到了

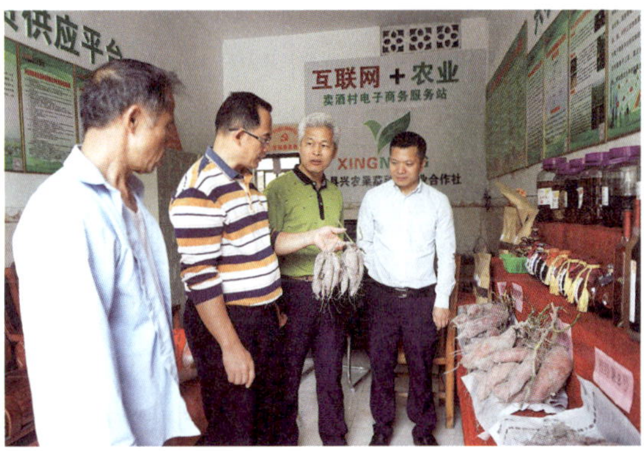

很好的带动作用和示范效应，让贫困户脱贫增收步伐加快。

股份合作，稳定收入

同心山成玉，协力土成金。要想实现全村脱贫摘帽，还要通过壮大村集体经济稳定贫困户收入。如何“借力使力”壮大村集体经济收入，是黄学华经常思考的问题。经过与村“两委”和贫困户商量，大家决定通过“公司+合作社+农户”抱团合作的发展模式，稳定收入来源。

在黄学华推动下，卖酒村与兴业县福兴食用菌发展有限公司合作，建成了占地 30 亩的卖酒镇桂民食用菌有限公司生产基地。上级下拨的 20 万元村集体及贫困户每人 1 000 元共 86.7 万元的扶贫产业专项资金，统一拨到卖酒村村民合作社账户，用于入股卖酒镇桂民食用菌有限公司种植食用菌产业，村集体、贫困户每年可分别稳定获得按投入资金总额 10% 和 8% 的分红。

尝到股份合作的甜头后，紧接着，卖酒村又与广西春茂农牧集团有限公司合作，将上级拨付的 50.08 万元村集体资金及贫困户每人 1 300 元共 126.71 万元的扶贫产业专项资金，用于入股到广西春茂农牧集团有限公司发展生态养猪产业，村集体、贫困户每年可稳定获得按投入资金总额 9% 的分红，并在合同期满 5 年后 5 年内获得分期返还全部入股资金。

此外，卖酒村还入股 20 万元到广西富泰农业有限公司发展乡村旅游、食品加工配送等产业，获得年分红 6 万元。入股 14 万元到兴业县城市投资有限公司购买兴业县城西市场商铺和入股 5 万元到广西兴业县光伏惠民科技有限公司县政府“五个中心”楼顶光伏发电项目，预计 2020 年获得分红 1.9 万元。

抱团发展的股份合作模式不仅让贫困户有了稳定的经济收入来源，降低资金投入风险，更带动村集体经济持续稳定健康发展。

乡村振兴，全面向好

鼓了钱袋子，富了脑瓜子，还要不忘好日子。为了让村民过上更加美好的日子，黄学华在加强党组织建设、抓好基础设施建设、开展水环境治理工作等乡村振兴方面没少花心思流汗水。

在黄学华的带动下，支部逐渐建设成了“政治坚定、团结协作、联系群众、基础扎实、作用突出、坚强有力”的战斗堡垒。村“两委”班子的政治素质明显提高，增强了爱民、为民、利民的责任感。

驻村三年多，黄学华积极争取 600 多万元资金用于实施基础设施建设，其中村屯道路硬化项目 17 段共 4 200 米，水渠三面光 6 500 米和堤坝共两座，建设了卖酒村垃圾处理点、卖酒村文体中心、篮球场、路灯共 42 盏等基础设施，改善了村容村貌，为农业产业化提供了更好的硬件条件。

同时，黄学华积极开展大良江水环境整治工作，组织村干部、群众清理沟渠 2.6 千米，全村共清拆 56 户养殖户，彻底清理河道沿线、河道沟渠及其他卫生死角，以实际行动改善卖酒村水环境“脏、乱、差”现状，推进乡村绿色发展。

连续担任两届驻村第一书记，这几年，卖酒村的家巷户院、田间地头都留下了黄学华的忙碌身影，无论村里谁家有红白事，黄学华都被邀请为“座上客”，“黄书记”在卖酒村俨然已经成了半个“村里人”。正如黄学华所说：“驻村第一书记，要有勇于扛起带动贫困户脱贫致富责任和担当，更要急贫困群众所急，想贫困群众所想，干贫困群众所需。”

2. 广西农科院派驻大礼村（2015—2017年）第一书记

王典结：不忘初心，做贫困户的“贴心人”

“我到大礼村做‘第一书记’不是去做官，是要去做事的。”憨厚老实的王典结，始终没忘记入村前跟同事说起的“初衷”。进村后，王典结一有时间就到各屯各户走访，到田间地头去看看，了解农作物的生长情况和种植情况；到村干部家里坐坐，问问村干部关于村里的情况和工作打算；到致富能手家里去聊聊，征求他们对村里的建设意见与发展思路；到贫困户家里去问问，了解他们贫困的原因和脱贫的想法……日积月累，深入调研，王典结一手抓政策一手抓村情民意，把好事实事办到了村民的心坎里。正如他常说的：“百姓事无小事，要尽自己的最大能力一一解决好，让群众放心、舒心。”

修路建房，扫除“拦路虎”啃下“硬骨头”

要致富先修路，道路不通成了大礼村脱贫路上首当其冲的“拦路虎”。

陶朱冲到村委，短短1.3千米道路却涉及陶朱冲、铁史塘、竹山三个自然村屯，1 020人，既是3个自然村屯的群众到村委办事和小学生上学的主路，又是竹山屯进入农业耕作区的主道，但一直没有硬化。

王典结到来后便决心要解决这个压在百姓心头上的“出行难”问题。为此，他与镇政府分管领导一起跑扶贫办、移民局、交通局等单位，申请道路硬化建设项目。如今，该项目投资48.5万元，并计划2017年10月完成建设任务。

修路问题解决了，“落实住房”又成了困扰王典结的一个难题。“在宣传危房改造政策过程中，贫困户对拆房子、占用田地、建房补贴以及搬迁有很多顾虑。”王典结说，为了让贫困户相信党和国家的政策，同意进行危房改造，住上稳固安全的住房，他与村干部在一户户危改户中奔走，一遍遍为群众解读政策。

梁世文是大礼村的一名贫困户，住的是泥房，前两年房子坍塌了，王典结到他家了解情况后，通过“危房改造”政策为他争取了2.6万元的建房补贴，2016年7月开始建房子，当年年底就入住了。

“我们本来没有什么收入可以用来建房子，多亏王书记惦记，我们才住上了新房子。”每每说起自家的新房，梁世文对王典结都是万分感激。

此外，王典结还积极申请加入玉林市“双百”工程项目村。2016年5月，投资29.3万元的“双百”工程攻坚村项目落户大礼村，用于村基础设施建设，当年年底村委就搬进了新建的公共政务服务中心办公。同时，他利用第一书记的优势，争取后盾单位与帮扶单位资金5万元购置办公用品，改善村委办公条件。村委的办公条件变好了，村干部工作的动力就更足了。

走村入户，为贫困群众办实事好事

村路好修，“心路”难修，想要与贫困户心贴心，就要设身处地多为百姓办实事。

赵大同是该村一名患有疾病的贫困户，家里以养蜂为业。“蜂蜜经常卖不出去，堆在家里不知道该怎么办。”赵大同忧心忡忡地说。王典结闻讯之后，经常在朋友圈上帮他做宣传、打广告，几个月下来，赵大同的蜂蜜售卖了200多千克。不仅如此，王典结还自掏腰包，帮助赵大同优化蜂蜜包装。在王典结的帮助下，赵大同的蜂蜜收入增加了1万多元。

“要不是王书记帮忙，我真的不知道怎么办了。”村民梁鸿生激动地说。2016年，他养了80多头猪，却因山体滑坡，导致猪场被埋，一下子损失了十几万元。王典结得知情况后，帮他筹集了5 000元现金周转。由于担心再次遭受大损失，梁鸿生把养猪换成了养鸡。2017年6月底，梁鸿生买了5 000只鸡崽，经过三个月的喂养，9月已经开始售卖第一批成鸡。

一年多来，在“六一”“中秋”“春节”等节庆日，王典结都积极组织开展“爱心送温暖”活动，多方筹款，为贫困户送上了价值9.92万元的物资。同时，他本人及后盾单位广西农科院还资助两名初中贫困学生完成了学业。

因地制宜，科技引领特色产业发展

了解到大礼村以传统农业种植为主，且农户分散经营的村情后，王典结与村“两委”班子成员沟通，提出了发展绿色生态产业的脱贫思路。他发动农户在旱地和坡耕地种植沃柑、百香果、砂糖橘等特色水果，在山腰生态养殖鸡、猪等。

在大礼村集体坡地上，他规划建设了占地面积10多亩的土地，用于成立村民合作社，发展村集体经济；按照标准化建设1栋猪舍，占地800平方米，总投资100多万元，预计每年出栏肉猪1 000头；合作社采取“党支部+合作社+贫困户”的模式进行管理，收益由村集体和贫困户按协定分红的方式进行分配。据悉，该项目覆盖全村的75户贫困户，这些贫困户可获得合作社总收益的70%。

王典结依托后盾单位广西农科院在资金、项目、人才、技术培训等方面的优势，给予大礼村在产业发展方面进行“输血”的同时，还努力提升其“造血”功能。目前，王典结从广西农科院争取项目资金30多万元，因地制宜，多次强化技术指导，引导群众科学种植百香果80多亩、沃柑30多亩、优质水稻300多亩，确保大礼村特色种植产业健康发展，助力贫困村、贫困户增产增收。

一份执着，两颗真心，王典结用自己的真心实意换来了贫困户的全面脱贫。如今，大礼村旧貌换新颜。道路畅通了，房子稳固了，产业发展了，村集体经济收入提高了，村里焕发出了新的活力，村民的脸上洋溢着幸福的笑容。

3. 广西农科院派驻忠良村（2018—2020年）第一书记

黄金生：踏实肯干，做好扶贫路上的一颗“螺丝钉”

“只要踏实肯干，再贫瘠的土地，也能挂满累累硕果。”正是凭着这样的韧劲，广西农业科学院派往兴业县卖酒镇忠良村的驻村第一书记黄金生，始终心怀攻坚克难让贫困户富起来的目标，把自己的满腔心血倾洒在忠良村的土地上，将忠良村的扶贫工作开展得有声有色，在平凡的岗位上书写着自己的不平凡事迹。

科学施种，“薄田”也能结硕果

忠良村有建档立卡贫困户177户，多年来村民大多以家庭手工作坊制造炮筒和生产加工各类煤炉维持生计，由于炮筒市场规范化，政府管控安全及环保需求等原因，炮筒的市场需求量急剧萎缩，而随着燃气的普及使用，煤炉也慢慢地淡出市场，大部分家庭的传统谋生技能无用武之地。为应对市场的变化，村民们也积极转型，谋求生路，2017年，村民先后尝试种植了毛节瓜、冬瓜、茄子等短平快的作物，但由于缺乏适合当地种植的作物品种和科学种植技术，种植出来的瓜产量和品质均参差不齐，价格低，村民年收入不高。

面对这一困境，黄金生利用自己从事多年植物营养学研究的优势，采集忠良村瓜菜种植区土壤样品，委托后盾单位广西农业科学院农业资源与环境研究所进行了土壤理化性质检测，检测结果显示该区域土壤酸化严重，磷钾含量偏低，硼和锌微量元素缺乏。为此，黄金生召集资环所植物营养与肥料研究室和蔬菜所专家进行了讨论，研究出了适合忠良村瓜菜种植施肥及栽培管理方案，采用春植毛节瓜＋秋植黑皮冬瓜＋冬种生菜种植模式，施肥上采用了平衡施肥与同步营养施肥相结合的技术。扶持种植能手示范带动贫困户发展蔬菜产业，增加他们的收入，以实现脱贫。

短短两年多时间，黄金生先后召开种植冬瓜动员大会 8 次，会议时间经常从下午持续到晚上，为的是彻底做通村民的思想工作，反复叮嘱村民不要错过种植及施肥时间，确保种植工作高效完成。同时，考虑到贫困户主要采用手工翻地起垄，且大部分贫困户年迈体弱，黄金生积极联系玉州区的拖拉机过来翻地，减轻贫困户劳动强度。为了把技术留下来，黄金生从瓜种催芽、穴盘点种、炼苗、起垄整地、移栽及瓜苗上引、打岔、留瓜，施肥打药等种瓜技术及注意事项召开培训会，手把手把种植技术教给了贫困户。

此外，黄金生从后盾单位广西农业科学院引种毛节瓜桂优 5 号、黑皮冬瓜桂蔬 6 号新品种，邀请广西农业科学院蔬菜所、植保所、资环所专家给忠良村开展毛节瓜、黑皮冬瓜高产高效栽培技术培训。在广西农业科学院扶贫产业经费的大力支持下，忠良村扶贫产业蔬菜种植基地初成规模，春植毛节瓜 30 亩，秋植黑皮冬瓜 30 亩，冬种生菜 8 亩。

在等待收获的时间里，黄金生每天到田间地头观察瓜苗长势，以便能在作物生长过程中及时发现问题并及时处理。功夫终不负有心人，2018 年忠良村的土地上挂满了丰收的瓜果。毛节瓜平均亩产 8 000 斤，冬瓜平均亩产 11 000 斤，毛节瓜均价 0.45 元 / 斤，黑皮冬瓜均价 0.7 元 / 斤，平均每户贫困户增收 7 000 多元，其中梁承运贫困户，种植毛节瓜和冬瓜各 4 亩，年收入近 4.5 万元。

倾注真情，用真心化解困难

“贫困户的困难就是我的困难。”真正到了忠良村以后，黄金生对这句话有了更深切的体会。在脱贫摘帽的路上，光解决经济收入还远远不够，工作中时常面临着许多更加实际的困难。对黄金生来说，解决困难的“法宝”就是与村里的贫困户“设身处地，将心比心”。

最让黄金生放心不下的是村中70多岁的贫困户罗有清，老人有一个儿子，生活能够自理，但精神失常，经常一出了家门就不认得回家的路，40多岁了还没结婚，母子俩相依为命。由于罗有清不认识字，不懂得从银行领取生活费用，黄金生和村主任帮她从银行领取钱出来，然后买好米、油等生活用品再送到她家里。

罗有清住在偏僻的山脚下，远离村里，交通极为不便，住房为泥砖房，墙体破裂，2019年黄金生帮罗有清申请了危房改造，委托施工方帮建房，但由于她家的新建房地低洼，地基深，危改费用仅够建房主体工程，在“四合一”检查前夕，新建的危改房，没有安装窗户，水电也没通，脚下踩的泥地板凹凸不平，还没有达到入住条件，肯定不能通过“四合一”检查。

黄金生召集村干部、工作队员开会讨论，想办法尽快解决罗有清的困难。在他的努力下，通过多种渠道为罗有清申请到额外的赞助款5 000元，卖酒镇自来水站和供电所免费给她家安装了水电。黄金生还带领村干部动手帮她家装好了窗户，铺好了地板。

罗有清户终于安心入住新房子，黄金又生怕罗有清不懂用电或天然气煮饭、炒菜、烧水，从当地木片厂购买了10袋木头送到她家里供她烧水、煮饭。罗有清逢人便夸赞黄金生，“多亏了黄书记，让我们住进了新房，有水喝有电用，还有柴火烧。”

此外，黄金生还为钟明勇、梁宏河、钟寿强、谭向前等13户贫困户申请办理了危房改造，解决了他们住房问题，助他们顺利脱贫。

病中坚行，舍小我顾大家

在黄金生心中，脱贫不是个人的事，脱贫事关全村177户贫困户的生计，是党和国家的大事，更是驻村第一书记的事。在扶贫路上，黄金生始终奔走坚守在忠良村扶贫攻坚第一线，不怕苦不怕累，做一颗永不松懈的螺丝钉，默默为扶贫工作做奉献。

2019年10月底，黄金生在入户走访时不慎摔倒，造成右脚胫骨平台骨折，做了钢板固定手术。然而，为了做好 12 月“四合一”迎检的工作，术后仅一个月，黄金生拄着双拐，又回到驻村第一书记的岗位，坚守在扶贫攻坚第一线，帮助忠良村顺利通过“四合一”检查，实现了 2019 年忠良村全村脱贫摘帽，为 2020 年脱贫攻坚收官打下了坚实的基础。

说起在忠良村两年多的扶贫经历，黄金生丝毫没有半句怨言，反而笑着说，“能为村民脱贫致富贡献自己的一份力量，是我的骄傲，很有成就感，我愿意做好脱贫攻坚路上一颗小小的螺丝钉，把学到的知识和技术播撒到忠良村的每一片土地上。”

4. 广西农科院派驻周覃社区（2018—2020 年）第一书记

桂杰：让扶贫经历成为人生路上浓墨重彩的一笔

2018 年 3 月 24 日，桂杰作为广西农科院派驻兴业县卖酒镇周覃社区的扶贫第一书记，背着行李踏上了脱贫攻坚新的征程。彼时，桂杰正处在四十不惑的人生阶段，单位本职工作处在定向、定型的时期，家里也是上有老下有小。桂杰说，“选择这个时候驻村扶贫，必须要在人生路上留下浓墨重彩的一笔，才能此生无憾。”短短的一句话却透着一股势在必得的决心和信念。

方言，“北方书记”的入村“路障”

在驻村扶贫之前，桂杰设想了许许多多可能遇到的困难，但万万没想到，有一天最简单的语言交流也变成了困难。贫困户大多是留守的老人，只讲本地话，对于普通话不懂听也不懂讲。桂杰是土生土长的北方人，刚驻村时，语言交流成了这个来自北方汉子的一大障碍。社区干部也都觉得，怎么派了个“捞仔”来，话都没法讲到一起，这扶贫工作可怎么办？

熟悉村情、民情后，才能因村施策，因户施策。为了尽快熟悉社区的情况，桂杰也顾不上别人怎么想，只能硬拉着社区干部或者懂普通话的贫困户当翻译，连比带画，挨家挨户了解情况。经过两个多月的磨合，桂杰慢慢与社区干部打成了一片，也基本熟悉了全社区 126 户建档立卡贫困户的基本情况，小小的笔记本记了个满满当当。

随着驻村工作的开展，社区干部和贫困户从最初的怀疑态度变成了有什么事情都愿意找桂书记聊聊。帮贫困户联系优质种苗，帮生病的新生儿联系后盾单位发动捐款，帮危改户督促危改款的下拨情况，反正只要自己能帮忙的，这位耿直爽快的北方书记绝不推脱。功夫不负有心人，从最初的“话都说不明白”到被中共玉林市委组织部授予“2018 年度玉林市星级社区工作者”称号，桂杰的付出得到了回报。

产业发展，良种还需良法配

产业找对头，脱贫有奔头。“只有选准可靠的产业发展路子，才能提高精准扶贫的‘含金量’。”抱着这样的想法，桂杰从入村就观察思考周覃社区的产业发展之路。周覃社区位于东经 110° 14′，北纬 22° 64′，紧挨玉林市区，玉桂公路、岑兴高速公路横穿境内，是自治区级生态村，这片青山绿水有着天时地利的优越条件。作为广西农科院百香果育种团队的一员，桂杰打算利用自身科研优势，在村里发展百香果产业。

其实，种植百香果在附近的北流市已经形成了规模产业，百香果的电商占到了全国 70%。周覃社区的种植户骑车拉去北流市的收购点卖果，来回也只要一个多小时，再加上周覃社区地理环境优越，往年周覃种的百香果市场收购价都会比其他地方的果多一两角钱。

然而，2018 年，田里的百香果正是挂果又多又漂亮的时候，一场“山竹”台风，吹倒了卢其等几户贫困户的百香果棚架。偏偏 2018 年百香果的价格天天飙高，收购价每斤 5 元以上，是往年没有的收购价格，但周覃社区的百香果却倒在了地上，无果可卖，损失惨重。虽然紧急给棚架做了支撑，但也只能是亡羊补牢。

桂杰刚刚到村里不到半年，只能一边赶紧和种百香果的贫困户全力抢救，一边分析了原因。经过实地查看，桂杰认为台风是客观原因，其实“山竹”台风对周覃社区影响不大，主要原因还在于没有科学的栽培方式。首先是栽培模式问题，采用了棚架模式，枝条量大厚重，不易修剪，造成棚架不堪重负；其二是棚架当初为了节约成本，使用了竹竿搭架，经过前一年风吹日晒有些已腐朽，就算没有台风过境，再使用一段时间也会有部分倒塌，况且在台风前已经时不时需要修补支撑棚架了。

为了解决这两个问题，桂杰邀请后盾单位广西农科院百香果团队成员商讨解决办法。专家们一致认为“良种还需良法配”，周覃社区的百香果品种选择没有问题，问题在于现在的栽培模式并不是百香果“高产高效”的栽培模式。于是，2018 年 11 月，桂杰组织种植贫困户和合作社负责人一行 5 人前往钦州学习新的“单层垂帘”栽培模式。

“单层垂帘模式”比原来棚架模式密度增加一倍，每亩种植 150 株苗，采用定向绑蔓技术，枝条爬满架线后打顶修剪，不让枝条自由生长，不会造成枝条过量厚重，每平方米留 10 条挂果枝条，每条枝条留 5 ～ 6 个果，保证中大果率。整体空间开阔，也简化了管理，每条挂果枝清晰可辨，同时增加果园通风透光，有利于提升百香果品质。

经过观摩学习，回来后大家说干就干。2018 年年底，在后盾单位广西农业科学院 10 万元产业

发展经费支持和技术指导下，桂杰带领种植户把坍塌的旧棚架全部换成了钢管铁丝搭的棚架，随后铲除种植了两年的老株，为2019年开春新植苗做好准备。

2019年，后盾单位广西农业科学院又支持7万产业发展经费，用于购买6 000株优质健康的嫁接百香果苗和部分肥料，保证40亩百香果春种顺利实施。当年百香果大量上市的季节，周覃社区的百香果亩产量达到4 000斤，中大果率稳定提高，果皮光亮，市场果价达到平均每斤3元左右，除掉成本，每亩纯收入3000～4 000元。未脱贫户卢某种植了12亩百香果，当年靠种植百香果纯收入4万元，全家7口，年人均纯收入达到5 700元，达到脱贫指标，2019年周覃社区整体实现脱贫摘帽。

两年的时间，在桂杰的人生路上或许只是弹指一挥间，但扎根基层，在扶贫战线上瞄准产业发展瓶颈，利用自身科技优势，不断解决扶贫产业中遇到的难题，带领贫困群众脱贫致富的工作经历，不仅为周覃社区的贫困户带来了实实在在的好日子，也成为桂杰的人生路上一段独特的风景。

5. 广西农科院派驻睦村（2018—2020年）第一书记

韩柱强：把做科研的态度带到扶贫工作中

一直专注于科研工作的韩柱强没有想到自己会到贫困村担任驻村第一书记。2018年年初，单位领导找他谈话，希望他下乡担任第一书记。一开始，他感到有些为难，因为自己手头负责的几个科研项目正在紧张推进阶段，母亲由于年岁已高行动不便需要亲人多加照顾，小孩刚上高中进入学习关键阶段需要家长关心。正是科研工作和家庭最需要自己的时候，在这个时候放下科研工作、离开家庭去乡下扶贫两年，对他而言并不是一件容易的事。但是，作为一名共产党员，他也深知脱贫攻坚工作的重要意义，扶贫工作总得有人去干，谁家又没有困难呢？况且现在管理团队工作也需要在基层工作中积累工作经验，于是在和项目组成员做好科研工作安排，回到家中做通家属的思想工作后，2018 年 3 月，这位广西农科院经济作物研究所副所长、高级研究员、花生遗传育种专家还是义不容辞地来到睦村担任第一书记。

认真，从零学起的高级研究员

谈起自己的熟悉的科研工作，一直深耕在科研一线的韩柱强得心应手，成绩显著。然而，参加各级扶贫工作会议，走村入户了解贫困户生产生活情况，宣传党和政府各项扶贫政策，检查贫困户帮扶手册、联系卡填写情况，协助帮扶联系人入户慰问、登记收入等……面对琐碎繁杂的第一书记日常工作，这位“高级研究员”刚开始只能从头学起，时常感觉压力很大。

但他做事有一股认真劲，说“既然来当第一书记，就要认真把扶贫工作做好，不懂就从头学起。”为了熟悉村情、民情和贫困户情况，驻村初期他让各片村干部带他走遍每一户贫困户，利用手机地图定位出位置信息，一有时间就根据地图自己一人进村入户熟悉情况。很快，他对村中的大路小路、贫困户住处都了如指掌，进村入户基本上不需要村干部带路了。村干部梁维勤曾开玩笑说：“韩书记现在对全村贫困户的住处比我们村干部还熟悉。”

正是凭着这股对扶贫工作的认真劲，他逐渐学习掌握了基层的工作方式和方法，工作起来越来越得心应手。两年来，在他和工作队员、村两委干部的共同努力下，睦村的各项扶贫工作顺利推进。其中，有 8 户 16 人实现了脱贫摘帽，目前仅剩下 1 户 3 人也将在 2019 年实现脱贫；建档立卡贫困户在校义务教育学生均享受各种教育政策补助，村中无缀学学生，符合条件的大、中专学生均获得雨露计划资助；有 64 名符合 29 种慢性病条件的贫困人口办理了慢性病卡；有 2 户贫困户通过危改资金补助修建了住房。

踏实，做好每一件小事

虽然扶贫工作与科研工作大不同，但两者都需要踏踏实实的工作态度。重视小事，做好小事，聚小成大。正是这样的工作理念，让韩柱强在睦村做出了一系列改善村里的基础设施的民心工程。近年来，国家在脱贫攻坚方面投入了大量的扶贫资金，有效管好用好扶贫资金，为村民多办实事好事是一项重要工作。韩柱强和村两委干部、村民代表经过认真研究，决定把扶贫资金投入村屯道路和水利设施等建设中，为村屯的进一步发展奠定基础。两年来，他们整合各项扶贫资金100多万元，合计建设村屯道路（路基）3 695米，修建三面光引水渠2 110米，对村卫生室进行升级改造，购置环卫车辆等，使睦村全村的基础设施条件大为改善。

除了办好村里的公益事业外，他也经常关心村里的困难群众。驻村期间，韩柱强经常走村入户，除了一些长年在外打工的，村里大部分人都认识他，大家看见他都会热情地打招呼。他为人随和，没有架子，贫困户有什么困难都喜欢找他帮忙解决。有一次，为了帮助解决贫困户家属钟德球的住院报销问题，他先后找镇领导、各级医疗报销部门沟通联系，使问题最后得到顺利解决。

科学，因地制宜发展产业扶贫

为了提高村民的收入，韩柱强想了许多办法。看到水稻是村里主要的农业产业，韩柱强就从广西农科院引进桂玉9号、桂香8号、桂野丰等优质水稻品种进行试验示范。目前，睦村优质水稻的覆盖率达到90%以上，当地人基本都吃上了优质米，部分农户靠卖优质稻米还获得了不错的收入。

虽然种植优质水稻解决了村民的粮食问题，但由于土地资源较少，人均只有0.5亩，大多数村民从土地中获得的收入并不多，大多数青壮劳力基本上出去打工挣钱。韩柱强觉得随着老一辈村民的老去以及新一代村民不愿务农，当地农业产业发展将会慢慢走集约化的道路。为此，他先后扶持村里的致富能人通过土地流转，利用广西农科院的优良品种建立特色花生、优质香芋、中草药（天冬）种植基地，通过“致富能人＋农户（贫困户）”模式发展当地农业产业，希望通过这种方式为村里探索出一条未来农业发展之路。

发展集体产业是扶贫的一项重要工作。在韩柱强驻村之前，睦村集体产业只有食用菌，产业底子比较薄。两年来，韩柱强和村两委积极谋划，充分利用上级扶贫资金支持壮大发展村集体产业。2018 年，利用上级扶持村级集体经济发展试点资金 200 万元入股兴业县桂睦桂花树种植专业合作社，每年可获得 10 万～ 16 万元的收益；2019 年，投入扶贫产业资金 36 万元入股广西春茂农牧集团有限公司养猪产业，每年可获得 9% 约 3.2 万元分红；投入 19 万元入股兴业县光伏惠民科技有限公司和购买兴业县城西市场商铺，预计每年获取约 1.9 万元分红。目前，睦村的村集体产业年收入已达到 20 万元以上。2020 年，他们谋划了一个新的项目：利用上级扶持资金 65 万元与春茂农牧集团合作在村里开办养鸡场。新项目场地已平整，5 月份建成投入使用，到时睦村的集体产业发展将再上一个新台阶。

两年来，这位农业科研领域的高级研究员，用做科研的认真、踏实、科学态度去做扶贫工作，把先进的科技成果带到了扶贫一线，尽其所能，兢兢业业做好本职工作。韩柱强说："其实我只是一个很平凡的第一书记，既没有轰轰烈烈的业绩，也没有感人泪下的事迹，只是作为一名共产党员做了应该做的事。"

6. 广西农科院派驻旺龙村（2018—2020 年）第一书记

莫伟健：心系扶贫，舍小家为大家

2018 年 3 月，莫伟健积极响应上级党组织的号召，主动申请到脱贫攻坚第一线工作。做出这个决定，对莫伟健来说并不容易。"说实话，在进村报到的路上，我内心十分忐忑，心情颇为复杂。"莫伟健说。一方面，他对农村基层工作不熟悉，不知道能否做好工作顺利完成任务；另一方面，女儿还不到 3 岁，当时爱人又怀有身孕，家里还有老人需要照顾。担任驻村第一书记后就要长期驻村，与家人聚少离多，照顾家庭的重任只能由爱人独自承担。

家人的支持和鼓励给了莫伟健扎根基层、打赢脱贫攻坚战的信心和决心。扶贫路上，他时刻想起爱人说的话：“作为一名党员，就要牢记初心、勇于担当，用爱心与责任做好扶贫工作。”驻村以来，莫伟健扎根村里，以村为家，尽职尽责，迎难而上，想方设法带动农户脱贫致富，推动旺龙村 2018 年顺利实现脱贫摘帽。他的先进事迹曾在玉林电台《行善积德感动玉林》栏目播出。

不惧困难勇担当

旺龙村共有 780 户 2 919 人，2018 年 3 月莫伟健驻村时，共有建档立卡贫困户 120 户 450 人（退出户 24 户 96 人）。当时旺龙村是整个洛阳镇唯一没有脱贫摘帽的村，脱贫任务依然艰巨。面对困难，他没有退缩，反而在到任后立刻走屯入户，用一个多月时间与驻村队员、村“两委”干部一起走遍旺龙村田间地头，挨家挨户深入走访。每到一户贫困户家里，他总是认真倾听，详细记录，熟悉每户贫困户的基本情况，目的就是找准致贫原因、对症下药、精准施策，认真写好调研报告、帮扶计划，帮助村民早日脱贫致富奔小康。

虽然晴天满身汗、雨天浑身泥，但莫伟健和工作队员从未停下脚步，只要有时间，他们就深入田间地头或果园，同群众边干农活边了解生产情况，为贫困户排忧解难。晚上，他常到村中小卖部、人员众多的地方，与群众拉家常，交流思想、宣传支农惠农政策。因为他知道，只有与群众打成一片，群众才会把他当做自己的朋友，扶贫工作才能顺利开展。

贴心帮助解困难

在两年多的扶贫工作中，莫伟健与旺龙村村干部、群众，特别是对贫困户的感情越来越浓，相互结下了深厚情谊，他的工作成效也得到当地群众的一致好评。

2019 年预脱贫户李业传、莫祖寿虽然房子建起来了，但没有达到入住条件。莫伟健认真了解这两户的生活现状与需求后，及时把困难及需求向后盾帮扶单位汇报，获得后盾单位的大力支持，扶持他们每户 3 500 元 /

户的门窗水电安装费用，让李业传、莫祖寿两家顺利入住新房。

旺龙村宅基地十分短缺，贫困户莫建忠一直盼望着建新房，但宅基地要占用村民小组集体用地，几年来一直因为没有把宅基地解决清楚而无法建新房。知道情况后，莫伟健与村干部多次到村民小组做思想工作，宣传扶贫政策。经过向上级党委汇报情况，并在上级党委指导下积极联系热心企业单位，莫伟健用联系到的 3 万元扶持莫建忠家，解决了宅基地问题。

2018 年 9 月，贫困户莫玉和的爱人发生交通事故意外离世，让原本就贫穷的家庭更加举步维艰。了解到莫玉和家里有 4 个孩子，3 个处在义务教育阶段，1 个就读高中，莫伟健与村干部积极发动热心村民、热心人士尽爱心，共筹得捐款 1.8 万多元，对莫玉和家伸出了援手。

2019 年 11 月，贫困户李显福在广州突然被诊断患有脑肿瘤，李显福家里有 5 口人，父亲李立强又患有长期慢性病，没有劳动能力。家里的主要劳动力倒下了，生活变得更加困难。李显福上手术台前，爱人到广州照顾他，在家里需要办理的手续莫伟健与村干部都尽最大努力帮忙办理。他们还积极联系后盾单位、联系热心企业、通过水滴筹等各种渠道，为李显福筹到 3 万多元资金解决燃眉之急。

“扎根基层，为民办实事、办好事，解决群众生产生活中存在的困难，就是我们的出发点。”莫伟健这样说道。

脱贫摘帽靠产业

致富靠项目，发展靠产业，脱贫的发展难点在于能不能把产业发展上去。莫伟健驻村时村集体经济收入 2 万元，但经济收入不稳定，没有可持续性。旺龙村产业基础薄弱，几乎没有财产性收入，贫困户也没有享受到产业扶贫资金的红利。为了增加村集体经济和贫困户收入，莫伟健给自己立下目标，要求 2018 年村集体经济收入必须达到 3 万元以上。找准问题的切入点，明确方向后，他带领工作队员与村干部冒着风雨、顶着烈日奔走在当地的龙头企业之间，共花了 1 个多月时间不断进行调研和对比。

经过上级领导的指导和在村里“四议两公开”讨论后，旺龙村确定将 2017 年、2018 年的产业扶贫资金 135 万多元通过“合作社 + 贫困户 + 龙头企业”方式加入广西春茂农牧集团有限公司养殖产业，每年获取 9% 的红利。2018 年旺龙村集体经济收入达到 4.5 万元，贫困户也享受到扶贫产业红利 213.78 元 / 人。

2019 年旺龙村根据发展壮大村集体经济目标和要求，因地制宜，积极探索村集体经济发展方式，争取到上级产业扶贫资金 50 万元，用于流转百顺种养合作社部分田地经营权进行果树种植、生态养殖，让旺龙村集体经济收入达到 7.86 万元。

两年时间里，在后盾单位广西农科院的大力支持下，莫伟健在旺龙村积极推广种植优质稻新品种“桂育 9 号”“桂野丰”2 000 多亩，沃柑示范种植 60 亩，新品种阳光玫瑰葡萄试点 5 亩，极大地推动了旺龙村的产业发展，大大增加了贫困户的收入。

莫伟健说：“虽然扶贫之路很辛苦，很艰难，但也很有意义。一路走来，我懂得了担当、体会了责任。既然选择了这条路，便只有风雨兼程、砥砺前行，尽自己最大的能力，助力脱贫攻坚取得胜利。”

7. 广西农科院派驻大礼村（2018—2020 年）第一书记

盘丰平：抓党建促发展，让村民富村庄美

“火车快不快，全看车头带”，驻村以后，盘丰平通过严格开展“三会一课”党内组织生活，强化党员干部学习，丰富党员活动，进一步推动党员干部转作风、提素质、强本领，不断提高党员干部的综合素质和带富能

力，充分发挥出了党员干部“领头雁”的先锋模范引领作用。

党建引领，同心同向谋发展

2018年3月担任驻村第一书记以来，他充分利用自身科技优势，解决贫困户发展难题，促进洛阳镇大礼村优质高效产业高质量发展。

“将基层党建和精准扶贫相结合，让党建示范点落户大礼村。”这是盘丰平结合镇党委把“党支部助推精准扶贫”作为书记创新项目契机，为自己制定的扶贫工作计划。在日常的扶贫工作中，他以党建活动为契机助推各项工作，将党员群众团结在党支部周围，强化党支部在开展各项活动的战斗堡垒作用，提升党支部的凝聚力。深入开展了扫黑除恶专项斗争、水环境综合治理，大力推行乡风文明行动，开展大礼村“亮化”工程，推行“三清三拆”行动，努力改善大礼村村容村貌。坚持强功能、抓基本、补短板、重创新，全面加强基层服务型党组织建设。整合资金500多万元，对村委办公场所进行规范化建设，硬化道路13千米确保村村通水泥路，新建球场9个，文体中心2个，全村主干道安装太阳能路灯200盏，方便了群众出行。

为了不落下一个人，对存在厌战情绪、工作消极的党员村干部，盘丰平一一找他们谈心谈话，向他们宣传习近平总书记关于脱贫攻坚的重要讲话精神，分析当前工作的重点和难点，协助党员干部扔掉思想包袱，继续全身心投入工作。他还组织召开党员大会、民主生活会，带头学习党章，学习领会党的十九大精神，掌握自治区、市、县、镇的强农惠农富农有关政策文件，鼓励带动党员、乡贤积极建言献策，寻找好的发展思路；开展批评和自我批评，使党员找准自身在思想、工作、纪律、作风上存在的问题，提升党员的综合素质，增强班子的凝聚力、战斗力。

扶贫过程中，盘丰平一直思考如何帮助贫困户树立“帮扶脱贫，我要脱贫”的思想，让贫困户不惧脱贫困难，树立积极脱贫的自主意识，保证脱贫质量。他与村两委研究提出“扶持培养一批，示范带动一片”的工作思路，实行培育致富能人一批、扶持产业一批、带动贫困户一片，依靠“党支部+合作社+就业扶贫车间+贫困户”模式，努力为贫困户树榜样选项目，培育壮大形成支柱产业，实现脱贫致富。

为了培养党员和致富带头人，引导种养大户回乡创业，积极培育发展专业合作社、家庭农场等农业经营主体，他组织贫困户到广西农科院的示范基地参观学习，开阔他们的视野，提升他们对现代农业的认识。目前已培养出带头致富党员莫金国、梁佑光、梁鸿广、赵昌惠、梁进南、黄兴进和致富带头人梁松、黄家健等"懂技术、会经营"的农村领头人，一起做大做强特色产业，为群众创造更多的就业机会。

为了创新产业发展模式，盘丰平与村两委打出组合拳，采取"公司+就业扶贫车间+贫困户""农技人才+合作社+示范户+贫困户""专合作社+农户+贫困户""贫困户带动贫困户"等模式，推动贫困户入合作社、上产业链、进示范园，成立了兴业县陶朱湖生态农业有限公司、就业扶贫车间、杨梅冲砂糖橘专业合作社和大礼村生态鸡养殖专业合作社，优先聘请贫困户劳动力入园挣工资、学技术，培养新型农业人才。通过就业扶贫车间带着贫困户干，同时签订劳务合同，实现流转土地赚租金、进园务工赚薪金，确保贫困户持续增收。

产业助力，特色优质保增收

如何利用好扶贫政策，发展特色优势产业，引领激发贫困户内生发展动力？盘丰平也一直在思考这个问题。他结合自身专业优势，不断鼓励贫困户通过发展当地的特色产业脱贫致富。在充分了解"电商+百香果"产业发展前景后，他决定增加扶持力度，多方筹措资金20多万元，依托广西农科院的技术和优良种苗的优势，广泛动员群众发展百香果产业，带动3户贫困户种植了10多亩。

在引进种植百香果成功的基础上，作为葡萄研究专家，盘丰平大力引进葡萄中的"贵族"品种——阳光玫瑰进行规模种植。为了保证质量，他经常邀请后盾单位广西农科院的葡萄专家定期到田间开展现场技术培训，让贫困户学习到葡萄种植技术，为

阳光玫瑰葡萄产业在大礼村的发展打下坚实的基础。依靠党员示范种植，贫困户充分认识到阳光玫瑰葡萄诱人的市场前景，纷纷跟着种植“市场宠儿”阳光玫瑰葡萄。大礼村种植的阳光玫瑰葡萄，因其优良的品质和口感，每斤收购价均在 20 元以上，亩产值可达 4 万元以上，成了贫困户脱贫致富的“神仙果”。

利用“党支部 + 合作社 + 基地 + 贫困户”的发展模式，依靠党员示范带动，大礼村发展特色产业取得了丰硕的成果。其中优质富硒水稻 100 亩，沃柑、砂糖橘 100 多亩，百香果 200 亩、优质鲜食葡萄 10 亩，生态养鸡、鸭 20 万羽以上，带动了全村农民发展壮大村级特色产业，大大加快了贫困户脱贫致富的步伐。

两年来，盘丰平不顾风吹日晒，跑遍了全村 13 个自然村，18 个村民小组，并对 106 户建档立卡贫困户家庭进行了详细摸底。苦思群众脱贫致富良法，重谋产业发展，坚决啃下脱贫攻坚的硬骨头。如今，大礼村的特色产业正蓬勃发展。盘丰平又思考着要全力打造一村一品，他说：“还要继续努力，多想办法稳定贫困户收入，才能巩固大礼村脱贫成果，让村民更富，村庄更美。”

图书在版编目（CIP）数据

广西农业科学院科技扶贫典型案例汇编 / 广西壮族自治区农业科学院编. —北京：中国农业出版社，2020.6

ISBN 978-7-109-26995-8

Ⅰ. ①广…　Ⅱ. ①广…　Ⅲ. ①农业技术—科技扶贫—案例—汇编—广西　Ⅳ. ①F323.3

中国版本图书馆CIP数据核字（2020）第112219号

中国农业出版社出版

地址：北京市朝阳区麦子店街18号楼

邮编：100125

责任编辑：赵　刚

版式设计：王　晨　　责任校对：周丽芳

印刷：中农印务有限公司

版次：2020年6月第1版

印次：2020年6月北京第1次印刷

发行：新华书店北京发行所

开本：700mm × 1000mm　1/16

印张：10

字数：150千字

定价：68.00元
